SHAME
EDUCATION

本专著为浙江省2020年度高校国内访问学者教师专业发展项目"公安院校大学生耻感教育研究"（项目编号：FX2020054）研究成果

THE RESEARCH ON
POLICE COLLEGE STUDENTS'

SHAME
EDUCATION

公安院校大学生耻感教育研究

吴心怡 ◎ 著

中国财经出版传媒集团

经济科学出版社
Economic Science Press

图书在版编目（CIP）数据

公安院校大学生耻感教育研究／吴心怡著. —北京：
经济科学出版社，2022. 3
ISBN 978 - 7 - 5218 - 3521 - 2

Ⅰ.①公… Ⅱ.①吴… Ⅲ.①公安 - 高等学校 -
德育 - 研究 - 中国 Ⅳ.①G641

中国版本图书馆 CIP 数据核字（2022）第 049458 号

责任编辑：杨　洋　赵　岩
责任校对：易　超
责任印制：王世伟

公安院校大学生耻感教育研究

吴心怡　著

经济科学出版社出版、发行　新华书店经销
社址：北京市海淀区阜成路甲 28 号　邮编：100142
总编部电话：010 - 88191217　发行部电话：010 - 88191522
网址：www. esp. com. cn
电子邮箱：esp@ esp. com. cn
天猫网店：经济科学出版社旗舰店
网址：http：//jjkxcbs. tmall. com
北京季蜂印刷有限公司印装
710 × 1000　16 开　10 印张　160000 字
2022 年 3 月第 1 版　2022 年 3 月第 1 次印刷
ISBN 978 - 7 - 5218 - 3521 - 2　定价：40. 00 元
（图书出现印装问题，本社负责调换。电话：010 - 88191510）
（版权所有　侵权必究　打击盗版　举报热线：010 - 88191661
QQ：2242791300　营销中心电话：010 - 88191537
电子邮箱：dbts@ esp. com. cn）

耻感是人类特有的一种重要的道德情感，也是中国和西方传统美德的重要组成部分。耻感具有导善、规范和激励功能，曾在中国人的道德养成中起到过重要作用。鉴于我国社会中基础文明方面存在的突出问题和道德的层次性，强调耻感十分必要。

耻感是指个体自我知觉到自身思想行为与其所处的社会环境下所普遍认同的每一位社会成员所应当具备道德品质和行为规范相违背时所产生的一种指向自我的不光彩、不体面或自责的负性情感体验。耻感具有基础性和普遍性的统一、他律性和自律性的统一及社会性和历史性的统一等特征，它是人安身立命的基本条件，社会主义荣辱观的践行起点，社会主义道德风尚良性化的心理基础。

在当下社会的日常生活中，存在着大量的耻感欠缺、耻感淡化、荣耻倒错现象，这些现象必将对高等院校学生产生极大的消极影响，并将导致对其个体成长的阻滞。对于公安院校而言，这种负面影响的后果将更为严重，它不仅威胁着在校大学生的健康成长，也在很大程度上影响了公安院校校园氛围与公安教育事业的健康发展，进而损毁人民警察整体形象，对社会风尚产生负向的辐射效应。因此，对公安院校大学生进行耻感教育已迫在眉睫。

公安院校大学生耻感缺失问题既有个体的心理根源，也与养成目标失效、外部监督缺失及社会环境中不良因素的示范与助长效应直接相关。公安院校思想政治教育只有在培养正确的道德认知、道德反省能力与习惯、对他人意见的接纳态度和对日常生活的道德敏感性的基础上，加强正确价值导向与行为取向的倡导，实行基础文明行为监督、评价的制度化，隔断、消除社会环境的负面影响，并通过以耻感培养为中心的专题教育、学生日常管理中的耻感培养及对学生行为自省日常化的有效指导和促进，才能成功地实施公安院校大学生耻感教育。

目 录

绪论

第一节　研究意义

以耻为先是中华民族荣辱观的优良传统，中国文化中沉淀下来的耻感观念源远流长，曾广泛而深刻地渗入了传统道德的各个方面并塑造了中国人根深蒂固的羞耻观念。在古代，羞耻心被视为"立人之大节"①"治教之大端"②，在规范个人道德选择、培养理想道德人格和维护封建统治、美化社会风气等方面起着重要的作用。在这种颇具特色的耻感文化背景之下，中国人养成了厌耻、拒耻的强烈羞耻意识，"知耻不为"成为个人道德素质发展的内在动力和维护社会风气的心理基础。随着时代的发展，人们急迫地要从旧的制度和文化传统中挣脱出来向象征着先进科技和人性自由的现代文明狂奔而去，并在这一过程中在经济、政治、文化等方面取得了举世瞩目的成就。然而，社会上耻感欠缺、耻感淡化和荣辱倒错现象严重，很多人因缺乏羞耻感而不断做出违背社会道德规范的可耻之事，严重败坏了社会风气。

耻感是"人之为人"的底线，也是社会伦理道德的最后一道防线，只有坚守住了这一防线才能守住社会道德的底线和基础。然而长期以来，

---

① 顾炎武. 日知录［M］. 长春：北方妇女儿童出版社，2001：67.
② 康有为. 孟子微（卷六）［M］. 北京：中华书局，1987：123.

耻感在伦理研究中并未得到应有的重视，在道德教育过程中也难觅耻感教育的踪迹，这一漏洞严重妨碍了社会道德伦理底线的维护和人们道德素质的提高。道德本身是有一定层次性的，但是有关道德层次性的研究一直以来都被忽视了，人们在研究道德问题时通常只关注道德的最高境界，这是导致当前中国社会道德问题的重要因素之一。一方面，由于人们倾向于将道德的超越性当成道德最重要的特性，甚至把可望而不可及的"至善"当成现实的道德标准，这就使得传统道德教育缺乏可接受性，落入了单一、抽象的道德说教的困境。另一方面，把"道德"仅仅定义为"至善"，而将低层次的道德需要和目标弃之不顾，那么低层次的道德行为"善"就会被轻视或否定。低层次"微道德"的不作为，则必然导致高层次的道德"善"无法经由在量变的基础上产生的质变而形成。长此以往，耻感等较低层次的德性被轻视或否定，而高层次的道德标准又很难实践，这就导致了我国的道德教育面临"面具化"的窘境。"小善"不去做，"大善"做不了，"面具化"的道德教育致使社会道德建设举步维艰。事实上，社会道德秩序的维护，必定是以社会的普适性价值作为底线和基础的。正如北大哲学教授何怀宏所说："你可以做不到舍己为人，但你不能损人利己；你可以不是圣贤，但你应该认同道义和人道。你攀升不到道德最高境界，但道德最低下限必须坚守，这并非将道德伦理降格以求，相反，道德的最低下限正是通往理想起点的必由之路。"[①]人们也许不愿或没有能力去响应振臂高呼的"卫道士"的呐喊，但无论如何每个社会成员都有责任去坚守社会的道德底线，坚守住了这一底线也就是守住了整个社会道德的最大希望。然而当今时代，在时代的蛮力之下很多人逐渐失去了自我，从鄙视别人"恬不知耻"的行为到对这些现象麻木再到自己也一层又一层剥掉"外衣"直至"裸奔"也不以为耻。耻感不断丧失的过程也就是人的尊严、人格甚至是"人"的身份丧失的过程。社会终究是由个人组成的，个人耻感跌破底线将是社会道德彻底沦丧的开端。在追寻经济社会发展和现代价值文明的同时，必须要摒弃

---

① 何怀宏. 底线伦理 [M]. 北京：北京大学出版社，2000：10.

文化悲观主义，激活中华传统美德的现代价值，使传统耻感文化在新时代绽放新的光芒。这是当前中国思想道德建设亟待解决的问题之一。

人们正因耻感的失落而面临可怕的道德困境已经是不争的事实，而更令人担忧的是这些不道德现象和"去羞耻化"倾向也已经使部分大学生受到了不良影响，阻碍了大学生道德素质的发展，而且严重损毁了当代大学生的形象。公安院校作为公安队伍建设的源头和公安民警的培训基地，承担着为公安队伍输送合格的警务工作专门人才的重任。公安院校大学生虽然还不是正式的人民警察，但一经法定程序录取之后，一进校门其身份就是预备警官，不仅按规定要着警察制服，实行警务化管理，而且作为警察的预备队，有义务随时根据特殊警务的需要，以警察身份参与到警务活动中去。所以，公安院校大学生的思想道德素质如何，在很大程度上直接影响着公安队伍的整体素质和面貌。如果公安院校大学生缺乏耻感，丧失良知和责任感，必将影响高素质公安队伍的建设，因此必须要对公安院校大学生进行耻感教育，使他们形成正确的是非观和荣辱观。同时，从道德的层次性理论角度来看，要构建社会道德的"大厦"必须首先打好底线伦理的"地基"，而为了使公安院校大学生具备正确的荣辱观和高尚的道德追求，就必须从人之为人最基本的道德底线和耻感意识的培养和巩固开始。然而，长期以来我国的道德教育注重向受教育者实施正面积极的应然教育，重视道德教育的高境界，追求道德教育的高标准，形成了以理想人格教育为主导的道德教育模式。这种教育模式，对于人们道德境界的提升、道德人格的优化以及崇高道德理想的树立起到了积极引领作用，但也应该承认，这种教育模式在某种程度上忽视了道德教育本身的层次性特征，脱离了不同个体身心发展以及修养境界参差不齐的实际，因而不能如愿以偿地实现其应有的教育目的，甚至有时会沦为一种苍白无力的道德说教。这一点在学校教育中表现得尤为明显，学校教育容易犯"高大全"的错误，特别是在高等教育阶段，一方面学校认为大学生早已具备了良好的道德素质，应该以更高的标准要求他们，另一方面大学生实际的道德素质堪忧，造成道德教育与学生的实际情况严重脱节的状况，落后的教育模式使得学校道德教育在某种程度上处于"空转"状态。公安院校大学生思想政治教育应当警惕这一错误，在对公安院校大学生进行应然的道德伦理教育的同时，也要重视道德底线伦理教育，而耻感教育正是底线伦理教育的重要方式。所以，公安院校大学生的思想政治教育不能仅以宏观、抽象的道德理想目标去要求，更不能教条、死板地对学生仅仅进行条文、理论的灌输，而更应该注重公安院校大学生日常生活中最常见的道德规范和耻感意识的养成。

总之，耻感是一种非常重要的道德情感，而道德情感教育是思想政治教育中的一个重要组成部分。因此，坚持历史与现实的统一，在理论与实际相结合的基础上，研究耻感的理论与实践，对于继承和发扬中华民族传统美德，建设中国特色社会主义的道德体系有着非常重要的理论和现实意义。首先，将耻感教育融入公安院校大学生思想政治教育中，有助于促使公安院校大学生形成正确的道德认知并将道德认知转化为道德意向和道德行为，是公安院校大学生思想道德素质发展与健全人格形成的内在保证。其次，公安院校思想政治教育与新时代形势和任务的要求相比，仍然存在不成熟、不完善的问题，仍处于不断探索的过程中，公安院校思想政治教育的理论研究也比较落后，还不能满足公安教育和公安工作的实际需要，尤其是基本没有关于公安院校大学生耻感及其培养的研究，还需要不断进行研究和探索。耻感意识是一种重要的自我督促和约束的力量，从思想政治教育的角度分析公安院校大学生耻感教育，并提出更加合理和有效的建议，可以为公安院校思想政治教育者提供理论支撑。最后，大学生是我国社会主义建设事业的接班人，代表着祖国的未来和希望，如果大学生缺乏基本的耻感，道德素质低下，不仅对大学生自身的发展不利，也必将妨碍我国社会主义建设的发展。公安院校大学生则是未来公安工作的希望，肩负着维护社会稳定的历史使命，其特殊身份意味着公安院校大学生不仅应具备大学生的基本素质，而且应该具备更高的道德品质。因此必须加强对公安院校大学生的道德教育，使他们形成正确的世界观、价值观、人生观，成为中国特色社会主义事业合格的接班人和未来公安事业的中流砥柱。从作为底线伦理的耻感的培养和教育抓起加强对公安院校大学生的德育教育，将为公安院校思想政治教育工作取得实效提供新思路，有利于解决公安院校大学生思想道德素质发展中遇到的问题，对公安院校思想政治教育工作的顺利开展和公安院校大学生道德素质的提升都具有重要意义。

第二节　相关研究成果综述

马克思曾说："研究必须充分的占有材料，分析它的各种发展形式，探寻这些形式的内在联系。只有这项工作完成以后，现实的运动才能适当地叙述出来。"① 因此，梳理分析已有的相关研究成果，对于深入开展学术研究是非常重要的。纵观现有的相关研究成果，耻感研究是一个跨学科的综合性课题，它是思想政治教育学、伦理学、社会学、心理学、教育学等多个领域学者广为关注的话题。

一、国内对耻感的研究

中国人早就认识到了羞耻心在抑恶扬善、指导人的行为上的重要作用，早在夏商周时期中国古人就已经注意到羞耻之心对人的约束作用。中国古代很多先贤、学者和各大思想流派从很早就开始了对"耻"的研究，耻感在中国传统文化中占据着重要的地位，甚至"曾一度被视为中华伦理精神的元素或本色"②。儒家思想在中国传统文化中长期占据着主导地位，为国人基本价值观念的形成和民族性格的塑造奠定了基础，而儒家伦理文化中就蕴含着丰富的耻感思想。儒家耻感思想涉及荣耻的界定、知耻的重要性和作用以及远耻、避耻的途径和方法等多个方面，主张人人知耻、远耻并最终建立"有耻且格"的理想社会，强调了耻感作

---

① 中共中央马克思恩格斯列宁斯大林著作编译局. 马克思恩格斯选集（第二卷）［M］. 北京：人民出版社，1995：111.

② 杨峻岭，吴潜涛. 论自由意志与道德耻感［J］. 中国人民大学学报，2013（1）：109.

为人之为人的根本，以及在人的安身立命、人际交往和社会治理中的重要作用。除儒家以外，道家、墨家、法家等先秦时期的其他思想流派也对耻感进行了思考和研究。后世的陆九渊、朱熹、顾炎武、龚自珍等著名思想家都对耻感有过经典的阐述。总之，几千年来耻之观念在道德规范和道德实践等方面全面渗入了中国传统文化和道德体系，深刻地影响了中国人的立身处世之原则。可以说，中国传统耻感文化源远流长，有着深厚的文化底蕴和思想基础。然而自西学东渐之后，由于种种原因，传统耻感思想在中国逐渐式微，淡出了人们的视线，"中国在一段时间内人为地割断了自有的尚荣知耻文化传统"①。当代学者对于耻感的研究尚处于起步阶段，专门研究耻感问题且有影响力的专著比较少，2010 年高兆明教授主编的《荣辱论丛》在人民出版社出版，其中包括高兆明教授的《荣辱论》，陈真教授的《荣辱思想的中西哲学研究基础》，汪凤炎、郑红教授的《荣耻心的心理学研究》以及赵志毅教授的《荣辱观教育的当代路向——基于城乡中小学的实证研究》，这套丛书从多个角度研究了荣辱观相关问题，但是并未深入对耻感问题进行系统性论述。近年来，特别是在 2006 年胡锦涛提出社会主义荣辱观的科学论断之后，很多研究耻感问题的学术论文和学术专著相继问世，2013 年杨峻岭教授撰写的《道德耻感论》一书也从伦理学角度对耻感进行了较为系统的学理性论述，2016 年章越松教授撰写的《社会转型下的耻感伦理研究》对社会转型冲击下耻感伦理遭遇的新挑战进行了思考。面对社会上广泛出现且屡禁不止的耻感缺失、荣辱不分的现象，一些专家学者开始探究中国人耻感缺失的原因和耻感重建的途径，并且对中国传统耻感文化及其当代价值做了研究。总的来说，国内学者关于耻感的研究主要涉及以下几个方面：

第一，关于中国传统耻感文化。这一方面的研究比较集中，也没有什么争议，主要是对中国古代耻感思想发展脉络的梳理和研究。学者们都肯定了"耻"在中国传统文化中有着非常重要的地位，是中国古代的

---

① 汪凤炎，郑红．荣耻心的心理学研究［M］．北京：人民出版社，2010：4.

一个重要德目,深刻地影响着人们的立身处世。胡凡指出:"对耻辱、可耻之事的感受及其行为调整,在中国传统文化中占有重要的地位,形成中华民族源远流长的耻感文化,成为中华民族精神的一个重要组成部分。"① 在肯定耻感在中国传统文化中有着深刻的思想渊源和重要地位的基础上,有学者提出使已经蜕变的耻感文化得到重建有利于现代道德建设和社会主义和谐社会的建设。关媛媛、王晓广强调:"在我国当今社会主义现代化建设中,耻感文化作为社会主义精神文明的重要内容,仍是推动民族和国家前进的重要力量。"②

第二,关于耻感缺失的现象和原因。国内很多学者都对当今中国社会广泛存在的耻感缺失的现象表现出了担忧。包燕芬认为:"在资产阶级的拜金主义、享乐主义等腐朽思想不断渗透之下,许多人在某些欠文明、不道德的行为面前内心深处的羞耻感逐渐淡化了。"③ 真正可怕的并不是不道德现象的存在而是是非、善恶标准的倒置,所以张晓林说:"不以为耻,反以为荣,认腐朽为神奇,认庸俗为高尚,认谬误为真理,认丑陋为美丽。这才是问题中最严重的。"④ 关于耻感缺失原因的探讨,学者们大多从市场经济迅速发展和社会转型的时代背景的角度进行分析,指出耻感缺失的原因是市场经济的负面效应、多元价值冲突和社会不良风气的影响等。张彩凤、翟德平在《当代中国人耻感淡化的原因及疗治对策》一文中指出:"在转型时期,由于新旧道德观念交替、缺位,道德领域里出现了一定程度的失控和混乱。"⑤ 邹兴平认为:"当人们在探究耻感文化为何会在今天发生那么大的变化时,便不能忘记,市场经济的消极方面

---

① 胡凡. 论中国传统耻感文化的形成 [J]. 学习与探索, 1997 (8): 136.

② 关媛媛, 王晓广. 中国传统耻感文化及其当代价值 [J]. 思想政治教育研究, 2012 (1): 116.

③ 包燕芬. 论耻感教育与社会风气 [J]. 沧桑, 2009 (6): 116.

④ 张晓林. 引导社会风尚的一面旗帜——谈"八荣八耻"社会主义荣辱观 [J]. 思想政治教育, 2006 (8): 11.

⑤ 张彩凤, 翟德平. 当代中国人耻感淡化的原因及疗治对策 [J]. 中华女子学院山东分院学报, 1999 (2): 24.

确是一个极其重要的原因。"①

第三，关于耻感的作用。中国人对耻感的作用的认识最早可以追溯到夏商周时期，特别是到了百家争鸣的春秋战国时期经过儒家的阐述和弘扬，耻感成为中国传统道德领域的一个重要道德准则。将耻感视为人性的根本，始于孟子。《孟子·公孙丑上》曰："无羞恶之心，非人也。"② 直至宋明时期，耻感开始被明确表述为人最基本的伦理道德底线。朱熹说："人有耻则能有所不为。"③ 此后，明代的顾炎武，清代的龚自珍、康有为等一些有影响力的思想家也都对耻感进行了研究，强调了耻感对人的重要意义。

当代学者对耻感作用研究的重点主要是在三个方面。第一，羞耻是"人之为人"的基本尺度。从归纳和阐述中国古人对羞耻感与人性关系的论述的角度出发，学者们普遍认同"耻感是'人之为人'的基本尺度"这一论点。第二，关于耻感的社会作用。耻感作为一种强大的道德力量对人们的行为有着重要的约束作用，可以规范人们的行为，对法律规范进行补充，共同维护社会和谐。崔爱芝认为："羞耻感作为底线伦理是对人的道德的最低要求，从行为规范出发，要求人们在具体的道德情景中做出正确的选择，要求人的行为与社会规范的一致，是一种最基本的道德准则。"④ 第三，耻感的德育价值。面对中国当前存在不良社会风气、道德问题频发的现状，一些学者提出加强耻感教育对中国社会主义道德建设意义重大。邹兴平、王芝华认为："构建现代道德离不开耻感教育的支撑，耻感教育是现代道德建设的基础。"⑤

2006 年 3 月 4 日，胡锦涛在参加全国政协第十届四次会议时对社会主义荣辱观进行了系统阐述，这一理论一提出就引起了学界的关注，《道德与文明》《伦理学研究》等伦理学期刊先后专版研究过荣辱观问题。

---

① 邹兴平. 转型时期的耻感文化：蜕变与重建［J］. 湖南师范大学社会科学学报，2010（2）：29.

② 颜兴林译注. 孟子［M］. 南昌：二十一世纪出版社，2014：55.

③ 宋元人. 四书五经（上册）［M］. 北京：中国书店，1984：241.

④ 崔爱芝. 论羞耻感的当代道德价值［J］. 四川职业技术学院学报，2010（3）：20.

⑤ 邹兴平，王芝华. 耻感教育：现代道德建设的基础［J］. 湖湘论坛，2008（1）：83.

此后，很多专家学者在探讨和研究中国传统耻感文化及其思想价值的同时开始借鉴社会主义荣辱观的思想内容，将耻感培养和社会主义荣辱观建设结合起来进行了进一步思考。如姚震、孟庆旺的《以培养知耻感为先导加强荣辱观教育》，范水涛的《耻感意识：社会主义荣辱观的道德底线》和罗诗钿的《中国耻感文化对社会主义荣辱观内化为信仰的启示》等。罗诗钿指出："'耻感'是内化为以'荣辱观'为基本要求的社会主义道德信仰的重要和必不可少的认识论环节，'耻感'也就成为社会主义核心价值体系内化为信仰中的应有之义。"①

第四，关于大学生耻感教育的研究。关于大学生耻感教育的研究主要集中在大学生耻感的现状和大学生耻感教育的对策两方面。目前国内有很多学者都认为当代大学生存在"耻感缺失"的现象，大学生耻感缺失是导致一些大学生道德素质低下的一个重要原因，对大学生进行耻感教育已经刻不容缓。杨峻岭、任凤彩指出："充斥于我国社会生活各个领域的耻感淡薄、耻感缺失、荣耻错位的现象，也折射在大学校园之中，侵蚀和影响着青年大学生的心灵和行为。"② 鲍红、王天翊认为："一部分大学生价值观发生偏移，道德水平逐渐滑坡，耻感意识淡漠甚至丧失，由此而导致的大学生道德失范现象越来越严重，道德伦理底线越来越低。"③

关于耻感教育的对策一般从以下几个方面阐述：第一，培养耻感意识，明辨是非、荣辱。汤舜指出："要培养大学生的耻感，必须使他们明白是非、善恶、美丑和荣辱及其分界。"④ 第二，加强社会主义荣辱观教育。金慧、李晓兰指出："要把社会主义荣辱观教育和耻感教育有机结合，深入渗透到大学生思想政治教育的各个环节中去。"⑤ 第三，营造社

① 罗诗钿. 中国耻感文化对社会主义荣辱观内化为信仰的启示 [J]. 甘肃理论学刊，2010（1）：12.

② 杨峻岭，任凤彩. 加强大学生耻感教育的依据及其途径探析 [J]. 思想政治教育研究，2010（10）：91.

③ 鲍红，王天翊. 加强道德教育的基础环节：知耻教育 [J]. 思想理论教育导刊，2013（11）：100.

④ 汤舜. 大学生耻感的失落与追寻 [J]. 教育探索，2010（3）：126.

⑤ 金慧，李晓兰. 加强大学生耻感教育性探究 [J]. 东北农业大学学报，2011（2）：53.

会环境。有学者指出社会上的一些不良风气会对大学生的思想道德素质产生影响，某些错误的耻感观念甚至会抵消大学生耻感教育的成果，因此为了保证大学生耻感教育的效果，政府和社会应该采取有效措施为大学生耻感教育营造良好的社会环境。

二、国外对耻感的研究

国外尤其是西方国家由于受到宗教文化的深刻影响，一般来说更加重视罪感而不是耻感，但这并不代表国外学者就不重视对耻感的研究。国外学者关于耻感的研究有很多，涉及哲学、心理学、人类学、社会学等多个领域，总的来说可以归纳为以下几个方面：

第一，关于耻感产生的原因。西方心理学界从 20 世纪 90 年代开始掀起了对羞耻感的研究热潮，研究者们先后提出一些理论以解释羞耻现象。著名精神学家海伦·布鲁克·路易斯（Helen Block Lewis，1976）的观点非常有代表性，他认为耻感产生的原因有两种：第一种是认为羞耻的产生是因为负性事件的"公开化"，即个体因感知负性事件发生时有他人在场而产生了羞耻感；第二种是认为羞耻是由于个人认为负性事件体现了自己不道德或者无能，因对自己的否定而产生了羞耻感。目前，学者对第二种的认同比较高。在大多数西方人看来，懦弱无能和羞耻感是相对的，认为懦弱无能的人会体验到更多的羞耻感。舍勒和露丝·本尼迪克特的研究也与上述观点有共通之处。德国哲学家舍勒对羞耻感有非常重要的研究，他在《论害羞与羞感》一文中专门对羞耻感进行了深入的现象学分析和描述，对羞耻感的起源、本质和功能都进行了深入研究。舍勒认为，人不是单纯的神也不是单纯的动物，而是同时具备神性和动物性，这就是人在世界的特殊位置，所以舍勒说："最能清晰而直接表达出人自身的莫过于羞耻感"①。在舍勒看来，耻感产生于理想与现实、本质

---

① 舍勒. 论害羞与羞感［A］. 价值的颠覆［C］. 北京：生活·读书·新知三联书店，1997：167－168.

与存在之间的落差，人本应该是本质的、完满的，而现实的人达不到这种本质和完满，这两者之间的落差就会使人产生羞耻感。美国人类学家露丝·本尼迪克特在《菊与刀——日本文化的类型》中说："羞耻感要求有外人在场，或者至少要感觉到有外人在场。"① 这里，本尼迪克特强调羞耻与他人的批评有关。他还首次提出和论证"耻感文化"和"罪感文化"两种不同的文化类型。他认为耻感文化是"公认的道德标准借助于外部强制力来发展人的良心社会"，并对比分析了耻感文化与罪感文化，指出："真正的耻感文化依靠外部的强制来行善，真正的罪感文化则依靠罪恶在内心的反映来行善。"②

　　第二，耻感的应对方式。西方心理学家的关于耻感的应对方式的研究主要是从防御机制的角度展开的，认为主要采用的防御机制是否认和回避。海伦·布鲁克·路易斯等（Helen Block Lewis et al. , 1976）研究发现容易感到羞耻的人多倾向于将失败归因为自身的、整体的原因，包含着对自己的否定，因此在羞耻感的应对上多表现出逃避或否认的状态，这种应对方式比较消极而且也难以解释有些羞耻者的行为。现在理论界比较认同唐纳德·内桑森（Donald Nathanson，1992）等心理学家提出的罗盘应对理论。唐纳德·内桑森系统归纳了羞耻感的应对方式，认为个体对羞耻感的应对方式可以分为"退缩""逃避""攻击自我""攻击他人"四种类型，个人具体选择哪种方式与当时的情境和个体的心理特点有关，这就是罗盘应对理论。

　　第三，耻感的德育功能研究。国外关于耻感的社会功能的研究，大都指出耻感是一种重要的道德情感，强调适当的耻感对个体而言有着重要的德育价值。古希腊思想家亚里士多德认为"耻"以一种否定的方式肯定了善，对耻的恐惧可以促使人们向善，所以适度的耻感是一种积极的道德情感。美国教育学家本泽耶夫（Ben – Ze'ev，2002）则认为羞耻感与人们的自尊相连，所以为了避免丧失自尊，羞耻感会阻止人们做出不道德行为③。还有西方学者通过研究表明耻感是社会道德准则的核心和

---

① ② 露丝·本尼迪克特. 菊与刀——日本文化的类型［M］. 北京：商务印书馆，2000.
③ Ben – Ze'ev. The Subtlety of Emotions ［M］. The MIT Press，2002：527 – 529.

个体道德良心的重要部分，是人类唯一天生的道德情感，对于个体的道德培养具有重要意义。日本学者吉田松阴在其代表作《讲孟余话》一书中也强调"耻"应该成为日本武士和普通人民追求的伦理之道，这样才能拯救民族精神和传统（吉田松阴，1855）。

根据以上对国内外研究耻感的相关文献进行综述的结果，可以看出无论国内还是国外都较早地发现了耻感的价值，尤其是在中国传统文化中耻感占有着重要地位。露丝·本尼迪克特在《菊与刀——日本文化的类型》中将与中国文化有很多共通之处的日本文化称为耻感文化，而日本学者森三树三郎则明确指出"耻"的真正发源地是在中国。

相对于国外的研究大多从心理学角度解析耻感，国内学者更多的是从伦理学和教育学的角度研究耻感和耻感教育，把耻感教育与德育联系起来。此外，西方的心理学家大多认为羞耻是一种消极的情感，认为懦弱无能的人才会体验到更多的耻感，甚至将羞耻感看作导致很多心理疾病的原因。与之形成鲜明对比的是，耻感在我国自古以来就被认为是一种积极的道德情感，甚至将耻感摆在人的道德底线的重要位置。这方面的分歧是由文化差异所造成的，与西方认为羞耻代表了懦弱无能不同，在中国的传统文化背景之下，人们表现出羞耻往往会得到公众的肯定和赞扬。因此，中国学者普遍认同耻感是中国传统文化和伦理道德的一个重要方面，对当今的社会主义道德建设也有非常重要的借鉴意义。

尽管我国的耻感文化有着悠久的历史，但如今耻感文化的淡化和衰落也已经是不争的事实，因而引起了社会的广泛关注，学术界也逐渐开始关注与耻感相关的研究。社会主义荣辱观的概念提出以后带动了关于荣辱观的大讨论，但是总的来说对于耻感教育尤其是大学生耻感教育的研究仍然很少，对公安院校大学生耻感教育的研究更是鲜少涉猎。而且，国内外关于耻感和大学生耻感教育的研究大多停留在理论层面，虽然反复强调了耻感教育的价值和时代意义，但对于如何在思想政治教育的过程中贯彻和落实耻感教育却没有提出可行有效的办法。涉及耻感教育的具体内容和策略方法的部分也更倾向于从大是大非、大荣大耻谈起，非常缺乏对于日常生活中最基础的耻感的研究。

第三节　研究方法及创新思考

一、研究方法

第一，唯物史观的研究方法。掌握唯物史观的研究方法，对于把握社会发展的基本规律，正确认识世界和改造世界，都具有非常重大的意义。它与时俱进、充满生机，是人们观察、分析和研究复杂多变的社会历史现象的重要思想武器。研究任何社会历史现象都不能脱离唯物史观的基本观点和立场，研究耻感问题也必须掌握唯物史观的研究方法。马克思主义唯物史观认为："人的本质是一切社会关系的总和"。① 耻感作为人所特有的一种道德情感，也是在特定的经济、政治、文化结构中塑造的。因此在研究过程中，应始终运用辩证唯物主义的世界观和方法论，探究耻感的内涵、本质与特征，结合具体的社会政治、经济、文化环境，揭示耻感的主要功能和重大意义。

第二，跨学科研究法。耻感产生和发展于一定的社会经济、政治、文化环境之中，建立在复杂的个体和社会心理基础上，它不是孤立单独的个体道德情感，而是一种反映了复杂的社会道德关系的心理体验。所以，研究耻感问题，需要进行跨学科的综合研究，立足于思想政治教育学的研究视域，运用哲学、伦理学、心理学、教育学等多个学科的知识和研究方法，对耻感问题进行综合研究。

第三，比较研究法。关于耻感问题的研究并非我国特有的，很多国家和民族的学者也都注意到了耻感这种特殊的情感体验，并进行了很多有价值的研究。因此，研究耻感问题，尤其是在研究耻感的思想史渊源时，应该注意采用比较研究法，考察中国耻感文化与西方荣辱思想和日本耻感文化的异同，深入挖掘中国传统耻感文化的独特性及其现代价值。

---

① 马克思，恩格斯. 马克思恩格斯文集（第1卷）[M]. 北京：人民出版社，2009：499.

二、创新思考

目前关于耻感教育的研究还非常少，本书在理论方面从耻感的思想渊源、概念等理论出发，较为系统地阐述和分析耻感的特征、功能及其重要意义，并进行了一些原创性思考，有利于拓展国内学术界对于耻感问题的研究范畴，有利于拓宽思想政治教育学的研究领域。同时，本书从现实角度出发，研究了公安院校大学生这一群体思想行为的特殊性以及与普通高校大学生之间的差异性，在分析公安院校大学生耻感方面存在问题的基础上对公安院校大学生耻感缺失的根源和危害进行分析，继而有针对性地论述了公安院校大学生耻感培养的心理基础、宏观思路和具体途径，为公安院校思想政治教育工作取得实效提供了新思路，有利于解决公安院校大学生思想道德素质发展中遇到的问题，对公安院校思想政治教育工作的顺利开展和公安院校大学生道德自律能力的提高都具有重要的现实意义。总之，本书在理论与现实结合的基础上，探究了鲜有人涉猎的公安院校大学生耻感教育这一领域，为公安院校大学生耻感教育提供了切合公安院校实际的专业教育方法与针对性建议，丰富了公安院校大学生耻感教育的理论研究与实践探索。

第一章
"耻感"的思想史溯源

中西方的传统道德哲学中有很多与耻感有关的、值得借鉴的重要思想，本章的主要目的就是对中西方道德哲学中的耻感思想进行较为系统全面的梳理，为国内耻感问题及荣辱观理论研究提供思想资源。

第一节　中国传统耻感文化的思想史渊源

耻感自古以来就是中国伦理道德的一个重要范畴，在中国传统文化中有着深厚的思想渊源。深入挖掘和梳理中国传统耻感文化，取其精华，弃其糟粕，对研究公安院校大学生耻感教育问题，具有重要的借鉴和启迪意义。中国几千年的历史长河中流传下来了很多与耻感有关的历史资料，日本学者森树森三郎所说的"'耻的文化'的真正发源地在中国"①是有充分根据的。

一、先秦时期耻感思想的形成

我国传统耻感文化的形成始于先秦，并在中国传统文化中源远流长。

---

① 森树森三郎. 名与耻的文化——中国、日本、欧洲文化比较研究［J］. 中国文化研究，1995（8）：119.

早在殷商时期，就有史料和相关文献记载了耻感思想的萌芽。《礼记·表记》中说："殷人尊神，率民以示神，先鬼而后礼，先罚而后赏，尊而不亲。其民之敝，荡而不清，胜而无耻。"① 说明殷人尊崇鬼神，领导人民侍奉鬼神，重鬼神而轻礼仪，重刑罚而轻奖赏，尊严而不亲和。这给人民造成的弊端就是放荡不安分，好胜而没有廉耻之心。《尚书·说命下》记载商汤王的丞相伊尹曾说："予弗克俾厥后唯尧舜，其心愧耻，偌挞于市。"② 伊尹认为，作为丞相不能使国家强大，不能辅佐君王像尧舜一样成就伟业，就如同在闹市被鞭打一样耻辱。著名的历史事件"伊尹放太甲"就是因为太甲无法继承先王大业，伊尹恨铁不成钢，倍感耻辱所致。到了周朝，人们对耻的认识更加深刻，赋予它更多的内涵。《诗经·小雅》曰："瓶之罄矣，维罍之耻。鲜民之生，不如死之久矣。"③ 意思是酒瓶子空了是大酒樽的耻辱，用比喻的方式说明人民穷了是统治者的耻辱。《周礼·地官·司救》中记载："凡民之有邪恶者，三让而罚，三罚而士加明刑。耻诸嘉石，役诸司空。"④ 说明西周时期官府对于邪恶之人，先以礼教育，若"三教"后不改则施以刑罚，而如果"三罚"之后还不改就要让他坐在嘉石上，使他感到耻辱。"耻诸嘉石"之所以能被认为是"教"和"罚"以上的更重的惩罚正是以人民已经能够感受到耻辱为前提的，说明西周时期民众已经有了比较明确的耻感观念。根据文献记载，周代的统治者不仅用刑罚统治下层人民，而且逐渐建构起了一套完备的礼仪制度来规范处于统治地位的贵族阶层自身的行为和情感，而不同阶层的耻感的水准和模式正是受到这一制度框架制约的。当时，专用于惩罚下层民众的有五大酷刑，即墨（脸上刺字）、劓（割掉鼻子）、刖（把脚砍掉）、宫（阉割男性生殖器）、大辟（处死）。而且，"刑人非其人也，君子不近刑人"⑤，受过刑罚的人因受人鄙视只能从事低贱的职业，

---

① 戴圣. 礼记［M］. 郑州：河南科学技术出版社，2013：251.
② 冀昀主编. 尚书［M］. 北京：线装书局，2007：108.
③ 张南峭注译. 诗经［M］. 郑州：河南人民出版社，2020：210.
④ 林尹注译. 周礼今注今译［M］. 北京：书目文献出版社，1985.
⑤ 顾馨，徐明校点. 春秋公羊传［M］. 沈阳：辽宁教育出版社，1997：108.

如受到刖刑的人看门，受过宫刑的人管理王室后宫之事。在礼仪的规范之下，人的行为和态度唯有符合礼仪的要求，即遵循各自身份地位的不同规范，才不致遭到耻辱。

到了百花齐放百家争鸣的春秋战国时期，西周以来的社会控制的制度框架逐渐崩毁，不仅刑罚公开且可以施用于上层贵族，而且礼仪在孔子等著名政治家、思想家的倡导和推动之下，也可以用于规范普通百姓的行为。这一时期，对"耻"的思考和探讨也更加丰富起来，诸子百家都对耻感进行了诸多的论述和实践，也使得"耻"不仅停留在人们日常生活的行为表现上，而且成为道德规范的重要内容。先秦时期的儒家学说，自孔子开始就很重视"耻"。春秋以前，礼主要被用于规范上层世家贵族阶层的社会生活，是"不下庶人"的，用于控制底层民众行为的是刑罚。贵族阶层的种种礼仪性的行为举止，都是经过精心训练培养的，其行为方式本身便显示着他们身份的高贵与文明的教养，并在社会地位上保持着与下层民众之间不可逾越的"庄严的距离感"。降至春秋，这一礼教传统陷入了"礼崩乐坏"的深刻危机与困境之中，然而"礼"赖以存在的社会土壤依然存在。在中国文明史上"礼"衰而复荣的进程中，孔子正是一位承上启下的关键性历史人物，他不仅不遗余力地推崇西周以来的礼教传统，而且极力推动礼教文化的下移运动，即主张统治者应该对下层民众也施行礼教德化，从而使基于礼教的行为与情感的控制模式及其羞耻感的水准，普遍地向下广泛传播，渗透于社会的各个阶层。《论语》中有 16 次提到"耻"，与"耻"有关的章节有 58 章，涉及国家的治理、对人民的教育、个人的修养等各个方面，足见孔子对"耻"的重视。《论语·为政》载："道之以政，齐之以刑，民免而无耻。道之以德，齐之以礼，有耻且格。"① 即孔子认为依靠行政和刑罚来治理人民，人民能够避免受罚却无羞耻心，而如果以德来引导人民，以礼来约束人民，人民就会知道羞耻就能自我检点而归于正道。可以看出，孔子有将"礼"和"德"内化的思想，而知耻就是内化了的"礼"和"德"，他认

---

① 杨伯峻，杨逢彬注译. 论语［M］. 长沙：岳麓书社，2018：18.

为理想社会就是"有耻且格"的自律型社会，而不是仅仅依靠外部刑罚维持秩序却"民免而无耻"的他律型社会，充分体现了耻感在治理国家和教化人民方面的作用。孔子还要求个人也要知耻，子曰："行己有耻，使于四方，不辱君命，可谓士矣"。① 这句话的意思是人对自己的行为有羞耻之心，才能在出使别国的时候维护本国尊严，不辜负君主的命令，才能称得上"士"。可见，孔子非常重视耻感，把"有耻"看成是理想人格——"士"所应该具备的基本德行。在知耻的前提下，孔子进一步要求人们要远耻。《礼记·表记》中说："恭以远耻。"由此可见，孔子的耻感思想是非常丰富的。在孔子的道德体系中，"知耻"既是德性的起点，也是德性修养的最高境界，是孔子倡导的理想人格的体现，同时也是他向往的德治社会的目标，充分说明了在孔子生活的那个时代，耻感就已经在社会生活中广泛存在并且有着重要意义。

到了孟子那里，他不仅继承了孔子关于"耻"的思想，而且进一步从"羞"与"恶"两个方面进行论述，把"羞恶之心"看作人性的根本。孟子说"羞恶之心，人皆有之"②，"无羞恶之心，非人也"③。孟子认为"羞耻心"是人人都有的道德情感，是人之为人的根本，是人与禽兽区别之所在。孟子进一步发展了孔子的学说，将"耻"与"仁"联系起来。孟子认为人性本善，仁、义、礼、智是人生来就固有的四大善端，他说："恻隐之心，仁之端也；羞恶之心，义之端也；辞让之心，礼之端也；是非之心，智之端也。"④ 孟子把"羞恶之心"提高到德行之端、道德之源的重要地位，所以孟子十分强调知耻对人的道德人格形成的意义。他说："人不可以无耻，无耻之耻，无耻矣。"⑤ 可见，孟子把羞耻心看作人格的基础，认为人必须知道什么是耻，不知羞耻便是人最大的耻辱，明确强调了耻对人之为人的重要性。此外，孟子基于其思想中"性善论"

---

① 杨伯峻，杨逢彬注译. 论语［M］. 长沙：岳麓书社，2018：166.
② 颜兴林译注. 孟子［M］. 南昌：二十一世纪出版社，2014：202.
③ 颜兴林译注. 孟子［M］. 南昌：二十一世纪出版社，2014：55.
④ 颜兴林译注. 孟子［M］. 南昌：二十一世纪出版社，2014：53.
⑤ 颜兴林译注. 孟子［M］. 南昌：二十一世纪出版社，2014：240.

的逻辑起点，还明确地提出了"仁"是分辨荣耻的标准，即"仁则荣，不仁则辱"①，意思是当权者施行仁政则很光荣，不行仁政则是耻辱，这一标准也是中国历史上最早明确地将荣与耻对立起来的论述。

荀子是先秦儒家思想的集大成者，他的视角比儒家学派的其他人更为独特，对耻的认识也更加全面和深刻。虽然荀子在人性论方面的观点与孟子完全相反，主张的是"性恶论"，但相同的是他们都将道德看成人的本质特征，这与西方学者将理性看成人的本质特征形成鲜明对比。荀子继承了孟子"仁者荣，不仁者辱"的思想，并进一步阐述了分辨荣辱的具体标准。首先，以义利关系作为判断荣辱的标准，确定了衡量荣辱的基本标准。荀子指出："荣辱之大分，安危利害之常体：先义而后利者荣，先利而后义者辱。"② 简而言之就是，先义后利为荣，先利后义为辱。可见，荀子继承了孔孟重义的传统，把义置于首位作为荣辱的根本评价标准，但同时也正视了人的正当欲求，认为在先义的前提下也不必以后利为耻。荀子的这种思想比纯粹追求义而"羞言利"的抽象道德观念更具先进性和现实性。其次，荀子首开先河对荣辱的层次进行了区分，认为荣辱皆有两端，即"义荣"和"势荣"、"义辱"和"势辱"。荀子用义作为区分荣辱层次的标准，他所推崇的是靠自身努力获得的"义荣"。与由权势地位带来的"势荣"不同，"义荣"是不会轻易失去的。与之相对，"义辱"是由于人自身不良的品行招致的，而"势辱"是外界环境强加的，与个人的善恶无关，"势辱"是可以改变的，"义辱"却不能抹去。荀子还进一步说明不同的人获得的荣辱是不同的："君子可以有势辱，而不可以有义辱；小人可以有势荣，而不可以有义荣。有势辱，无害为尧，有势荣，无害为桀。"③ 可见，荀子认为与个人德性有关的"义荣"和"义辱"才是真正的荣辱，"势荣"虽然也是荣，小人即使获得"势荣"却得不到"义荣"；"势辱"虽然是辱，但君子即使受到"势辱"也无损其为君子。由这种分类可知荀子认为真正的荣辱出自人的内心而非由外

---

① 颜兴林译注. 孟子 [M]. 南昌：二十一世纪出版社，2014：53.
② 谢丹，书田译注. 荀子 [M]. 上海：书海出版社，2001：24.
③ 谢丹，书田译注. 荀子 [M]. 上海：书海出版社，2001：176.

在的事物所决定，荀子对于荣辱的深入辨析充分强调了主体能动性在荣辱选择上的作用。最后，荀子认为求荣避辱是人的共性，但所求的方式却有所不同。荀子说："好荣恶辱，好利恶害，是君子、小人之所同也，若其所以求之之道则异矣。"① 荀子认为君子和小人都是"好荣恶辱"的，但所求的方法却不一样。在荀子看来，按照小人的方法无法达到求荣避辱的目的，还会起反效果，只有像君子那样求荣才能真正达到求荣避辱的目的。荀子这些对荣辱的分析最终目的是向人们证明君子之道才是人的最佳选择，鼓励人们都注重自身的修养。可见，儒家伦理道德的核心范畴是"仁"，它不仅是美德及行为的要求，也是决定行为主体是否有正确荣辱观的道德标准。

除了儒家之外，先秦时期的其他诸子也对耻感文化的形成做出了贡献。春秋时著名的政治家、军事家管仲是春秋时期法家代表人物，是法家学派中具有最完备道德思想的代表，他对"耻"很重视，把"耻"提高到关乎国家存亡的高度。管子认为"国有四维，一维绝则倾，二维绝则危，三维绝则覆，四维绝则灭。倾可正也，危可安也，覆可起也，灭不可复错也"，"何谓四维？一曰礼，二曰义，三曰廉，四曰耻。"② "耻"被管子列为治理国家的基本出发点的四维之一，且被放在最后一项，充分说明了管子对耻感的重视。"耻"被当成国家安危的底线，同时也是最后的道德防线。如果这一防线被攻破，那国家就不仅是"倾""危""覆"，而是会"灭"，而且无法补救。法家集大成者韩非子也发现了耻感对人们行为的作用，他在评价"桓公遗冠"时说："虽雪遗冠之耻于小人，而亦遗义之耻于君子矣。"③ 齐桓公因酒后丢失帽子觉得丢人三天不去上朝，后来采纳管仲的意见开仓放粮救济贫苦百姓，审核罪犯放掉轻罪的人，民众反而希望齐桓公再次丢失帽子。韩非子认为这种做法在小人中洗刷了齐桓公丢帽子的耻辱，却在君子中滋长了齐桓公的耻辱，因为如果救济穷人、释放轻罪之人是不合乎"义"的就不该去做，如果是

① 谢丹，书田译注. 荀子 [M]. 上海：书海出版社，2001：24.
② 管仲. 管子 [M]. 北京：北京燕山出版社，1995：20.
③ 韩非. 韩非子 [M]. 上海：上海古籍出版社，1989（9）：124.

合乎"义"的话早就该去做，而不是等丢失帽子之后再去做，这样反而遗失了义。韩非子认为"遗义之耻"才是真正的耻辱，所以"义"才是衡量耻辱的标准。墨子在先秦诸子中是唯一出生于下层劳动人民的思想家，他反对儒家"独善其身"的道德理论，认为有道德的人不能仅仅自我感觉良好，却对社会完全没有贡献，而应该通过采取实际行动实现"利人"的目的，提倡人生应该为"兴天下之利""除天下之害"而奋斗。所以，墨子在荣辱观上的思想也较为功利，他认为"强必荣，不强必辱"①，国家和个人都必须发奋图强，并认为荣辱的获得要依靠自身的洁身修行。道家也与儒家一样注意到了耻感的价值，对中国耻感文化的发展发挥了积极的意义。但道家向来主张清虚无为、顺其自然，因此道家对荣辱问题的理解也具有超脱性。"道家认为，人们在一切社会活动与交往中，不要与别人争高下雄强，因此他提出了'以柔弱胜刚强'的思想。《道德经》十八章云：'知其荣，守其辱。'也就是说，虽明明知道什么是荣，但却不去争荣耀，而甘心地守着耻辱。"②《道德经》中还有"知足不辱，知止不殆，可以长久"的说法，意思是懂得满足就不会受到屈辱，适可而止就不会遇到危险，这样才可以长久。庄子继承了老子的耻感思想，但庄子的耻感思想更加消极，《庄子·盗拓》中指出："无耻者富，多信者显。夫名利之大者，几在无耻而信。故观之名，计之利，而信其真也。若弃名利，反之于心，则士夫之为行，抱乎其天文。"③ 意思是没有廉耻的人会富有，善于吹捧的人会显贵，获得名利最大的人几乎都是无耻而又多言，所以从名利的角度来考虑，善于吹捧就真的是这样的，假如放弃名利，只考虑内心，那么士大夫的所作所为也就只有保持天性了。为了达到"无己""无名""无功"的人生理想境界，庄子主张"齐是非""齐万物""齐生死"，以摆脱荣辱的纠缠，超然物外。总之，道家强调"知荣守辱、知足不辱"是因为他们认为荣辱是由自己而不是别人决定的，说明道家的荣辱思想具有其独

---

① 墨翟. 墨子［M］. 上海：上海古籍出版社，1989：70.
② 李玉洁，任亮直. 中华伦理范畴·耻［M］. 北京：中国社会科学出版社，2006：50.
③ 萧无陂注译. 庄子［M］. 长沙：岳麓书社，2018：298.

特的超脱性和理想性。

先秦时期是中国古代文明的奠基时期，在这一时期形成和积淀下来的耻感文化对后世的耻感文化的进一步发展和成熟有着奠基性的重要意义，此后耻感文化在中国社会中不断发展并长期发挥着重要的作用。

二、宋明以来耻感思想的发展

宋明以来，耻感文化有了进一步发展，为了整顿社会道德，一些有影响力的思想家如朱熹、顾炎武、龚自珍等都大力提倡知耻，不仅强调耻感对于个人道德修养的重要性，而且把耻感与国家和社会联系起来，赋予耻感更大的社会价值。首先，耻开始被明确表述为人最基本的伦理道德底线。朱熹非常重视耻的作用，他说："耻者，吾所固有羞耻之心也，有之则进于圣贤，失之则入于禽兽，故所系甚大。"① 朱熹解释了耻的含义，并把有无耻感作为圣贤与禽兽的分水岭，是人之为人的内在规定性，充分表达了耻感对人的重要意义。朱熹还说："人有耻，则能有所不为。人无耻，则无所不为。"② 他把耻看作约束人行为的标尺，认为人若不知道耻就会为所欲为。其次，耻感还被看作是道德教化的前提。宋代思想家周敦颐在《通书·幸》中说："人之生，不幸不闻过，大不幸无耻，必有耻，则可教；闻过，则可贤。"他认为无耻是人生之大不幸，认为有耻才可以教，耻感是教化的前提，人有羞耻心才能因自己的不良行为感到羞愧、悔恨，才会有改过向善的追求和动力。

到了明末清初，长达两千多年的封建统治即将走到末路，社会矛盾充分暴露，一些进步思想家开始对社会现实进行反思，提出来更贴近现实的耻感思想。著名启蒙思想家顾炎武很赞成管子的"四维说"，并且进一步论述："四者之中，耻尤为要"，"廉耻，立人之大节"③。他认为礼义廉耻四者之中耻最为重要，居于道德的首要地位。他把"圣人之道"，

---

① 朱熹. 四书章句集注 [M]. 杭州：浙江古籍出版社，2014：274.
② 宋元人. 四书五经（上册）[M]. 北京：中国书店，1984：241.
③ 顾炎武. 日知录 [M]. 长春：北方妇女儿童出版社，2001：67.

即最高的道德标准总结为"博学于文"与"行己有耻"。顾炎武还把廉耻与治国纲领联系起来，所以他说："士大夫之无耻，是为国耻。"及至晚清，在清王朝腐朽没落、士大夫们寡廉鲜耻、社会道德堕落的背景下，有识之士大力提倡知耻，龚自珍提出了著名的"廉耻论"，他说："士皆知有耻，则国家永无耻矣。士不知耻，为国之大耻。"① 他将个人知耻与国家的兴亡联系起来，认为士大夫的无耻将会给国家带来巨大灾难，而士大夫们若都知耻，国家就不会有污点。

三、近代之后耻感思想的演变

近代著名政治家康有为在《孟子微》中说："人之有所不为，皆赖有耻心；如无耻心，则无事不可为矣。"② 同样表达了耻感在约束人的行为上所起的重要的道德作用。他还说："风俗之美，在养民知耻；耻者，治教之大端。"③ 认为治理国家，就要使人民知耻，培养人民知耻是造就风俗之美和治理天下的根本之所在，主张利用耻感对人民进行教化。康有为针对当时的社会状况，还提出了著名的"四耻说"，即"一耻无志，志于富贵，不志于仁义。二耻于循俗，不能卓立。三耻于吝啬，为富不仁。四耻于懦弱，见义不为"④。

进入现代之后，中国传统文化中的耻感思想与"面子"文化紧密联系起来，很多研究中国人思想和行为特点的学者都认同"面子"观念是中国人社会生活中的一个核心概念。林语堂先生在《吾国吾民》中认为，统治中国的三女神是"面子、命运和恩典"，并认为面子比其他两个更重要。"面子"是个很广泛，但是又很模糊的概念，就像鲁迅先生所说的一样，如果不去想它，那么确实在日常生活中存在并运行着，但是如果去思考它又会混淆，而且越是思考越是混淆。虽然直到现在"面子"还没

---

① 龚自珍. 龚定庵全集类编 [M]. 北京：中国书店，1991：133.
② 康有为. 孟子微（卷六）[M]. 北京：中华书局，1987：171.
③ 康有为. 孟子微（卷六）[M]. 北京：中华书局，1987：123.
④ 康有为. 孟子微（卷六）[M]. 北京：中华书局，1987：135.

有一个非常准确的定义，但是"中国最重要的儒家典籍《四书》中所屡屡提到的'耻'的概念与'面子'密切相关。一般的观点是，当一个人的'面子'受到损伤时（失面子）便会产生一种'耻感'"①。实际上，在中国人的社会生活中，"面子"是个人所拥有的财富、权力、成就、声望、荣誉、社会地位等的复合体，它既是个人能力、社会地位的一种体现，也代表了社会对个人的认同和肯定。"面子"代表的是与内在相对应的外在，与真实相对应的表象，"面子"是在他人眼光中存在的，我是在他人的眼中挣到"面子"或者丢失"面子"，从实际上来说是他律的。因此，"面子"主要是在社会生活中与他人交往的过程中获得的，具有强烈的社会性。正是"面子"所具有的社会性特征决定了"面子""礼""耻"是相互联系的。"礼"在儒家文化中有非常丰富的含义，但是究其根本就是指社会普遍认同的行为规范。在儒家文化中，合乎"礼"的行为就是正确的道德的，是维护自身"面子"的前提和基础，反之当个人违背了社会行为规范之后，当个人意识到自身行为与理想自我及社会期望存在落差时，个人会因为得不到社会认同失去面子而产生耻感。因此，"道德耻感是以集体主义为其基本价值取向，其根本要求在于为集体和他人尽义务"②。

综合以上对中国传统耻感文化的思想溯源，可以看出我国有很多关于耻感的论述，从个人道德品行的修养到治国之策和治教之端，耻感文化始终深深扎根在中国的历史和文化之中，渗透在中华民族文化心理的最深层。恩格斯在《社会主义从空想到科学的发展》一文中曾经提到过"历史的惰性力"，传统具有非常强大的力量，现代文化也不会与传统文化彻底决裂。尤其是中国作为四大文明古国中唯一没有中断历史的国家，中国传统文化的精髓历经数千年变迁也没有褪去底色。自 1840 年鸦片战争爆发，西方列强以坚船利炮打开了中国的国门之后，中华民族便开始了备受列强欺凌的近百年的屈辱史，西方强势文化亦随之对中国传统文

---

① 杨国枢. 中国人的心理［M］. 南京：江苏教育出版社，2006：250.
② 杨峻岭. 道德耻感论［M］. 北京：中国编译出版社，2013：17.

化造成了几近毁灭性的冲击，但这种冲击也没能够完全摧毁中国传统文化。中国传统文化已经在人们的日常生活中内化于心、外化于行，无声无息地影响着一代代中国人民的思维方式和行为举止。中国传统哲学和伦理学与西方伦理学有很大的不同，不是侧重于做事的道德标准，而是侧重于做人的道德标准，中国哲学家自古以来就非常重视人性问题的研究，强调道德主体的内心修养，强调行为动机在道德评价中的决定性作用，提出的道德标准往往是针对人的内心境界和情感，这些构成了中国传统耻感思想的理论基础。中国传统哲学中的"耻"的概念不仅仅指主体实然的心理状态，而且包含了一种应然的道德要求。中国传统耻感文化所强调的是正确的价值取向，要求树立正确的耻感，即以当耻之事为耻，以"当耻之事为耻"就是做了违反道义之事所产生的羞耻感。所以，中国传统文化特别强调"知礼义、明廉耻"，提倡知耻而后勇、知耻能有所不为，并立足于耻感文化形成了一种特殊的厌耻、拒耻的社会道德评价机制，所有丧失廉耻之人都会被全社会谴责甚至长久地钉在历史的耻辱柱上，这种特殊的"以耻为恶"的道德评价机制对中国传统文化和社会发展有着重要的影响。

第二节 西方与耻感有关的思想史溯源

虽然我国有着非常悠久的耻感文化历史，但"耻感文化"一词实际上是由美国人类学家露丝·本尼迪克特在《菊与刀——日本文化的类型》一书中首先提出的。本尼迪克特在这本书中对日本人的性格进行了深入分析，并把世界文化分为耻感文化和罪感文化两种类型，将日本文化归结为耻感文化，认为西方文化是罪感文化。尽管当时大多数日本人对此观点持否定态度，但本尼迪克特在该书中的论述仍然被很多学者认可，并进一步推断包括日本在内的整个东方都属于耻感文化体系。虽然中国文化与日本文化同属耻感文化范畴，但是通过对中国传统耻感文化的思想溯源可以看出，中国耻感文化与本尼迪克特提出的耻感文化类型是有区别的。本尼迪克特认为耻感文化是"公认的道德标准借助于外部强制力来发展人的良心社会"①，并指出"真正的耻感文化依靠外部的强制来行善，真正的罪感文化则依靠罪恶在内心的反映来行善"②。可见，本尼迪克特认为耻感文化是他律的、被动的，而罪感文化则是自律的、主动的，显然罪的价值更高。她的这种观点与把"耻"视为人最基本的道德底线和理想人格基本德行的中国耻感文化有很大的差异，这种观点的差异源于中西方文化渊源和意识形态的差异，了解这种差异有助于人们更全面地理解耻感文化。

一、古希腊时期与耻感有关的思想

西方文明的发展深受古希腊文化的影响，西方荣辱思想早期是一种战争荣辱观，起源自《荷马史诗》，认为个人要热爱国家，以为国而战为荣，表现出鲜明的英雄主义思想和集体主义精神。

相传古希腊盲人诗人荷马创作的长篇史诗《荷马史诗》中所记录的时代被称为荷马时代，指的是被原居于希腊北部山区地带的多利亚人入侵后迈锡尼文明遭到终结，古希腊地区重回氏族部落时期的时代，具体时间大约是从公元前 12 世纪到公元前 9 世纪。当时多利亚人的文明程度远低于以迈锡尼王国为首的希腊各邦，尚处在原始社会末期的军事民主制阶段，所以在毁灭了迈锡尼文明后，多利亚人并没有能力建立新的王国和新的文明，希腊的文明传统断绝了三百年，希腊各地又从贸易发达、文化昌盛的王国文明退回到以军事民主制为主的氏族部落文明。处于军事民主制阶段的多利亚人的部落有三种机构，分别为长老议事会、民众会和军事首领。长老议事会由各个氏族的首领和贵族组成，且终身任职，平时重大的决议会先在长老会议上讨论，最后再提交民众会表决。民众会，即人民大会，原则上是部落的最高权力机关，由部落所有成年男子组成，凡是承担战争义务的成年男子均有发言权和表决权。民众会并非

①②　露丝·本尼迪克特．菊与刀——日本文化的类型［M］．北京：商务印书馆，2000.

常设机构，从史诗的记录来看，开会时间并不固定，有时会连续召开，而有时甚至二十年不召开。军事首领是由民众会选举出来的军事领袖，主要职责是统帅军队进行战争，和平时期也具有主持祭祀和诉讼的职责。《荷马史诗》是这一时期唯一的文字史料，史诗中描绘了大量希腊人心目中声名显赫、如雷贯耳的英雄人物，表达了英雄主义理想，所以荷马时代也被称为英雄时代，是一个崇尚英雄并诞生英雄的时代。

在《荷马史诗》的神话语境中，英雄是神的后裔，但他们也是凡人也是会死的，这是他们与众神最大的不同。从生到死，每个凡人都面临着两种不同的选择，可以选择碌碌无为寿终正寝，也可以选择不畏生死追求卓越，英雄们都无一例外地选择了第二种。英雄阿喀琉斯出生之时，他的母亲就曾预言他有两种截然不同的命运：一是与常人一样平庸一生而获长寿；二是投身战争成为英雄却将早逝。母亲希望他选择前者。阿喀琉斯违背母亲的意志毅然选择了后者，展现出追求卓越、不甘平庸、崇尚荣誉的英雄主义本色，充分体现了西方文化中对个人英雄主义的推崇。可以说追求卓越、不惧生死、维护荣誉、肯定自我是《荷马史诗》中英雄精神的核心思想，它的影响泽及后来整个希腊乃至整个西方文化。总的来说，在荷马的英雄伦理或英雄法则里，"荣誉是唯一的轴心，关心自己的荣誉是英雄的命运"[1]，只有了解这些荣誉观念及其背后的深层寓意，才能解读史诗和它所反映的那个时代。在荷马笔下，英雄们追求荣誉感的过程也是体现个人价值的过程，这与古希腊崇尚个体完善的精神是相通的，这种追求个体生命价值的传统直接影响了后世的价值观，形成了西方人文传统的基调。

古希腊著名政治家伯利克里指出："要为祖国利益而战死的行为才是最光荣的，而那些所谓趋势逃生的行为则是耻辱的。一个聪明的人感觉到，因为自己懦弱而引起的耻辱要比那些为爱国主义精神所鼓舞而意外地死于战场，更难过。"[2] 伯利克里甚至认为即使有些战士私生活有亏，

---

① 李琼. 荷马史诗中的荣誉观念解析 [J]. 文教资料，2007（1）：62.
② 修昔底德. 伯罗奔尼撒战争史 [M]. 谢德风，译. 北京：商务印书馆，1960：56.

但是这种缺点与保卫国家、奋勇杀敌的英勇行为相比是不值一提的。所以，古希腊人无论是在英雄神话里还是在现实生活中都赋予那些为国战死的英雄们以崇高的荣誉，而趋势逃生的行为则是耻辱的。对荣誉感的执着追求深刻地影响了古希腊人的生活，虽然对个人英雄主义和野心的膨胀起过推波助澜的作用，但这种把个人荣誉与城邦命运紧密相连的荣辱感对于希腊城邦的生存和发展有着巨大的积极作用，创造了古希腊前所未有的辉煌，也给人类文明史留下了浓墨重彩的一笔。其后，柏拉图继承和发展了战争荣辱观的思想，他认为"个人荣誉与城邦荣誉是紧密联系在一起的。一个人只有在为城邦服务的过程中才能实现其自身的道德完善"①。柏拉图还进行了哲学上的思考，他认为"有羞耻就有恐惧，我相信恐惧的范围比羞耻大，因为羞耻是恐惧的一部分"②，并认为人有羞耻之心才会做出美好的事情，城邦公民只有以城邦利益为重，节制欲望，才能远离恐惧，获得荣誉，否则将招致耻辱。

亚里士多德继承了柏拉图的荣辱思想，并进一步对德性和荣辱的关系进行了思考，他在《修辞术》中将羞耻明确定义为："一种与坏事相关的痛苦或不安，这些坏事发生在现在、过去或将来，显然会带来不好的名声。"③ 可见，在亚里士多德看来，羞耻与对善恶、好坏的判断有关。在《尼各马可伦理学》中，亚里士多德指出"一切技术，一切规划以及一切实践和抉择，都以某种善为目标"④，即一切人和物的目的都是追求善，与善相对的就是恶。亚里士多德将荣誉定义为"最大的外在善"，而羞耻感作为一种情感体验本身是没有善恶之分的，它不是一种品质或德性，但在亚里士多德的德性伦理学范畴中，认为德行是两种极端之间的中道行为，过或不及都是恶，这里存在一个适度的标准，合适的、恰当的情感可以被看作德性，羞耻感本身虽无善恶之分，但可以是恰当的，

　　① 杨峻岭. 道德耻感论 [M]. 北京：中央编译出版社，2013：20.
　　② 柏拉图. 柏拉图对话集 [M]. 王太庆，译. 北京：商务印书馆，2019：20.
　　③ 亚里士多德. 亚里士多德全集（第九卷）[M]. 颜一，译. 北京：中国人民大学出版社，1997：428.
　　④ 亚里士多德. 亚里士多德全集（第八卷）[M]. 苗力田，译. 北京：中国人民大学出版社，1997：3.

所以可以是合乎德性的。所以，他说："说一个人在做了坏事情之后会感到羞耻，我们就说他是有德性的，这是荒唐的。因为，那个引起羞耻的行为必定也是出于意愿的行为，而一个有德性的人是不会出于意愿地做坏事情的。羞耻只有在这种条件下才是德性：如果他会做坏事情，他就会感到羞耻。"① 可见，羞耻感以否定的方式肯定了善，可以避免人们为恶。亚里士多德认为荣耻感是否正确与人的思想品质有关，他在荣耻观上仍坚持了他的中道原则，认为正确的荣耻观是介于虚荣和小量这两个极端之间的，即大度。所谓虚荣，指的是自视甚高，本来没有相应的德性和才能，却要拔高自己来追求自己不配得到的荣誉，本质上是自欺欺人。虚荣的人一方面抓住所有能表现自己的机会，另一方面则自我吹嘘，欺世盗名。小量则是另一种极端，是低估了自己的价值，因此放弃了对崇高的价值和行为的追求。亚里士多德认为相比虚荣，小量与大度更为对立，出现得更普遍，危害也更大，虽然虚荣的人不恰当地追求过高的荣誉，但还有机会被扭转到正确的轨道上来，而小量的人则更难做到。所谓大度的人就是介于虚荣和小量之间的拥有正确荣耻观念的人，能够面对真实的自己，不自高自傲也不自轻自贱，而是通过自己的努力获得真实的荣誉。"大度的人之所以会关注荣誉，是因为他知道他的品德及行为对政府和人群有益，而荣誉是给予那些能为大家带来益处的人们的。所以，一个人的品德和能力越高，就会追求越大的荣誉。他并不是把追求荣誉当作唯一目的，之所以追求荣誉，是因为荣誉是对德性的恰当奖赏，他追求的是合乎美德的现实行动。这只有气度宏大又有美德的人才能较好地做到这一点。大度的人不会关注微小的荣誉，因为那种荣誉配不上他的伟大品德，他只会关注大的荣誉。大度的人心怀坦荡，有稳定的心灵品质或美德，所以，他本质上不会招致耻辱。而对于他不应得的耻辱，他'同样不屑一顾，因为耻辱对于他不可能是公正的'，这是因为大度的人对自己有清楚的认识，所以可以做到宠辱不惊。"② 亚里士多德

---

① 亚里士多德. 尼各马可伦理学 [M]. 廖申白，译. 北京：商务印书馆，2003：125.
② 张逸云，詹世友. 荣辱观：从战功崇拜到生存论阐释——西方荣辱观的历史演进 [J]. 南昌大学学报（人文社会科学版），2008（3）：35.

明确揭示了有德性的人对荣耻应有的态度，将荣耻问题的分析落实到品德方面。

继亚里士多德之后，西方对于耻感的研究逐渐增多。斯多葛学派的禁欲主义继承了柏拉图的节制思想，认为被欲望支配的行为是愚蠢的、羞耻的，人只有依靠意志抵抗住外界的种种诱惑才能过上愉快的生活。伊壁鸠鲁学派的荣辱思想则主要体现在快乐主义思想中。伊壁鸠鲁认为人类主要的生活目的就是追求幸福、快乐，而且快乐有两种，一种是肉体的快乐，另一种是精神的快乐，精神的快乐要远胜于肉体的快乐。因此，人类在追求快乐时也需要节制，要有所取舍，过度追求肉体的快乐是可耻的。

综上所述，古希腊时期，主要是战争荣辱观占主导，宣扬原始的集体主义道德，认为追求城邦利益、勇于牺牲自我是最高的荣誉，而个人则要节制自己的欲望，尤其是物质欲望，这样才能规避耻辱。

二、中世纪与耻感有关的思想

中世纪基督教的罪感思想和忏悔思想是西方荣辱观的重要内容之一，这些思想构成了西方的罪感文化，与中国传统耻感文化有非常明显的区别。

"罪感"一词源于基督教文化，基督教的原罪思想对于西方社会道德体系的构建有非常深远的影响。"《圣经》中说：上帝创造了人类的最早祖先——亚当和夏娃，他们幸福地生活在伊甸园里。上帝告诫他们不要吃园中智慧之树上的果实。可是由于受到蛇的诱惑，亚当、夏娃违背了上帝的意旨，偷吃了智慧之果，犯下了人类第一个罪行。上帝因此将亚当和夏娃逐出伊甸园，到世间去经受生活的磨难与艰辛。从此人类有了与生俱来的'原罪'。"[①] "'我们必然有罪'，这就是西方人宗教意识中的

---

① 杨峻岭. 道德耻感论 ［M］. 北京：中央编译出版社，2013：24.

罪感，这种‘罪感’是普遍和必然的。"① 虽然这种罪感思想有着非常鲜明的宗教意味和神学色彩，但是去掉宗教的外衣即亚当和夏娃因为偷吃了禁果而背负了原罪，不难发现在基督教看来人类心智的最初启蒙始于人类分辨善恶和物我，有了自我的概念，而这一概念正是以人因赤身裸体而感到羞耻为核心的。同时，从《圣经》中所规定的道德戒律中，也能看到中世纪基督教的某些荣耻思想。比如著名的"摩西十诫"是《圣经》记载的上帝（天主）借由以色列的先知和众部族首领摩西向以色列民族颁布的十条规定，据传是上帝本人将这十条戒律刻在石碑上送给了摩西，虽然石碑已经下落不明，但是"摩西十诫"作为《圣经》中的基本行为准则，流传了下来，影响深远。这"十诫"中有"除了我以外，你不可有别的神"这样的神学戒律，但也有"不可杀人""不可奸淫""不可偷盗"等具有普世价值观的戒律。很多信徒就是因为对上帝的信仰而时时自我约束，终身不愿意违反这些戒律，这些戒律也奠定了基督教道德的基础。可见，罪感意识是"出于宗教信仰，源于对上帝不顺从与叛逆而产生的一种原罪意识。这种原罪意识亦是一种特殊的道德意识。原罪成为人的一种心理负担。这种原本具有的罪孽，只有通过人们不断地努力，才能获得宽恕，赎罪成为不可推卸的责任"②。

　　赎罪是基督教信徒一生的使命，而赎罪的方式就是忏悔。欧洲中世纪基督教神学、教父哲学的重要代表人物奥古斯汀在《忏悔录》一书中以"神"为假想读者，以第一人称"我"为忏悔主体，向世人言说他的罪行，同时也通过书中对上帝的忏悔祈求上帝的原谅。忏悔的前提是承认罪行，一个人只要有了忏悔的意志和行为，那么就证明了他已经意识到并承认了自己所犯的罪，这就是基督教文化中的"罪感"。可见，罪感的实质是一种负疚，是认可人类本身的缺陷，并以上帝作为终极灯塔来观照自身，不断自察、自省。"我"在上帝面前是有罪的，"我"必须要向上帝忏悔，而"我"的忏悔，可以使"我"得到上帝的宽恕，回到上

---

①　杨峻岭. 道德耻感论［M］. 北京：中央编译出版社，2013：24.
②　高兆明，李萍. 现代化进程中的伦理秩序研究［M］. 北京：人民出版社，2007：293.

帝的仁爱之下，这便是罪感文化的一个环形内在结构。虽然中世纪的原罪说是一种宗教控制行为，是为中世纪封建统治阶级服务的，具有很大的历史局限性。但是，罪感文化的终极指向和耻感文化是殊途同归的，都是为了"劝人向善"，并最终建立一个"善"的社会。劝善的方式都是使人在社会生活中，一旦违背了那个"终极标准"便有一种心灵上的不安，会有一种罪恶或羞耻的感觉，同时使人为了避免这种不安而不再犯下相同的过错或罪恶，从而达到减恶增善的目的。

三、近现代西方与耻感有关的思想

近现代西方与耻感有关的思想主要体现在道德情感主义、存在主义、现象学派的思想中。道德情感主义学派的代表人物之一大卫·休谟基于他的经验主义哲学思想，认为道德不是来源于理性而是来源于情感，是由人们情感的相互呼应而产生的，产生的原理是同情。同情是判断人们行为善恶的根本标准，因为同情可以使人超越自身利益，对他人的利益和公共利益产生关切，因此同情原则也成了休谟判断荣耻的标准。一般来说，他人的赞赏可以使行为主体产生荣誉感，他人的轻蔑则会使行为主体产生羞耻感。但是休谟认为："美名虽然一般说来是令人愉快的，可是我们从自己所尊重和赞许的人的赞美方面，比从我们所憎恨和鄙视的人的赞美方面，得到更大的快乐。同样，我们对他们的判断十分重视的那些人如果对我们表示轻蔑，我们就要感到极大的耻辱。但我们对其余的人们的意见，则大部分是漠不关心的。"① 可见，在休谟看来对我表示赞赏或轻蔑的人是谁，品行如何，我是尊重他还是鄙视他，这些与我的荣耻感受关系很大。这是因为现实生活中，人们总是把自己的情感和自己亲近、尊重的人的情感联系起来，并努力使自己的情感与他们的情感等同，这表明休谟认为荣耻情感的强度与同情作用的影响有关。当然，同情原则并不代表完全抹杀个体自身的是非判断，在认识一些普遍性的

---

① 休谟. 人性论［M］. 关文运，译. 北京：商务印书馆，1980：357.

行为规则时，我们以一般规则如正义原则作为判断自己行为的标准。

亚当·斯密则进一步修正了同情理论的主观性，提出了"公正的旁观者"的立场，他认为人人都有一种关心别人命运的本性，这种本性就是同情，是主体设身处地地想象他人处境时产生的感情共鸣。但是，并不是所有的感情都能引起共鸣，只有当事人的原始感情与旁观者的感情完全一致时，才有可能产生同情。亚当·斯密认为行为主体可以通过"公正旁观者"的情感反应——情感的相互呼应、相互共鸣，就能使人们在内心中产生一种合宜的情感，感受自己思想和行为的恰当性。以仁慈美德为例，亚当·斯密认为对仁慈的对象来说，如果恩人需要帮助受益者应该尽自己所能去报答恩人，如果"一个人在有能力报恩或者恩人需要他帮助的情况下不这样做，无疑是个最令人不齿的忘恩负义之徒。任何公正的旁观者都不愿对他自私的动机有丝毫同情，没有人会对他表示赞同"①。由于仁慈是一种超义务的美德，不能强迫人一定要仁慈，不可强迫受益者报恩，所以忘恩负义者不会受到惩罚，但人们可以对忘恩负义者表达出厌恶以此激发忘恩负义者的羞耻心，促进他们向善。与仁慈之德不一样的是，正义之德不是超义务的美德，而是所有人都应该做到的。因为正义的本质是不伤害别人并维护人们的权利，一旦伤害了别人或者损害了别人的权利就是不义的。违反了正义规则的人就会受到惩罚，这种惩罚不仅是为了恢复受损的秩序，更重要的是为了激发不义者的耻感。但由于会违反正义规则的人本来就是不顾及他人感受的人，可能根本就不会从"公正的旁观者"的立场上来反思自己的行为是否合宜。所以，要使这种人产生羞耻感，首先需要唤起他们的反思意识，把他的情感指向带到社会和人们情感的相互影响和呼应中去，他才能明白自己的不义行为会导致人们的愤恨。所以，必须唤起不义者想要回到社会中去的强烈愿望，只有当他在这种愿望的指引下回到社会中，才会意识到自己过去的行为是不被他人和社会所接受的，并因恐惧和悔恨而产生羞耻心。正如亚当·斯密在《道德情操论》中说："如果一个人的行为破坏了

---

① 亚当·斯密. 道德情操论［M］. 韩巍，译. 北京：西苑出版社，2005：69.

所有受人欢迎的原则，只要他肯站在公正旁观者的角度回顾自己的行为就会感到无地自容。……如果他的行为已经家喻户晓，他一定会觉得自己蒙受奇耻大辱。此时除非他对周围的一切视而不见，否则他无法在精神上逃脱他人的轻蔑和嘲笑。"① 可见，"公正的旁观者"的情感反应，是行为主体判断自己思想行为和善恶、荣耻的依据。此外，"在斯密的有关理论中，关于荣辱感受的问题，还诉诸良心原则。他认为，良心是人们在彼此的情感影响和相互呼应过程中逐渐形成的内心的敏感的价值感受力"②。人们在社会交往的过程中，会自然而然产生一种愿望，希望自己能成为被人们赞赏的人，而不愿成为被人们愤恨的人，这种敏感的价值感受能力就是良心。亚当·斯密认为人如果有良心，时刻受到良心的督促，自然就会尚荣避耻。

法国存在主义的主要代表人物萨特从存在主义的角度分析羞耻，他认为羞耻是一种情绪，并举例说："我刚才做出了一个笨拙的或粗俗的动作……我既没有判断它也没有指责它，我只是经历了它，我以自以为的方式实现了它。但是这时我突然抬起头：有人在看着我。我一下把我的动作实现为庸俗的，并且我感到羞耻……他人是我和我本身之间不可缺少的中介：我对自己感到羞耻，因为我向他人呈现。"③ 通过这样的例子，萨特认为羞耻这种情绪既不在我的身体中，也不在我的意识中，更不在他人之中，而是存在于某种结构之中。而且，这种"结构是意向性的，它是对某物的羞耻的领会，而且这物就是我。我对我所是的东西感到羞耻。因此，羞耻实现了我与我的一种内在关系：我通过羞耻发现了我的存在的另一个方面"④。由此可见，在萨特看来，羞耻并不是对某事或某物感到羞耻，而是在他人面前对自己感到羞耻。萨特说："羞耻假设了一个对别人而言的形象——我，但是同时也假设一个感到羞耻的自我性，

---

① 亚当·斯密. 道德情操论 [M]. 韩巍，译. 北京：西苑出版社，2005：69.

② 张逸云，詹世友. 荣辱观：从战功崇拜到生存论阐释——西方荣辱观的历史演进 [J]. 南昌大学学报，2008，29（3）：37.

③ 萨特. 存在与虚无 [M]. 陈宣良，译. 北京：生活·读书·新知三联书店，2007：282 - 283.

④ 萨特. 存在与虚无 [M]. 陈宣良，译. 北京：生活·读书·新知三联书店，2007：282.

并且这表述中'我'完整地体现了这种自我性。这样，羞耻是对以下三维的统一领会：我在他人面前对我感到羞耻。"① "正是羞耻和骄傲向我揭示了他人注视和这注视终端的我本身，使我有了生命。"② 总之，在萨特看来，每个人都是在与他人的关系中认识自我的，是他人的存在和注视让我认识到自己的存在和本质，让我感到羞耻。

在德国著名现象学哲学家马克斯·舍勒的情感现象学研究中羞感现象学研究占有重要的地位，并在其著作《论害羞与羞感》中对羞感问题进行了专门研究，他把羞感摆在了极端重要的位置，认为羞感是人所特有的精神活动，是人区别于动物和神的重要标志。舍勒说："人在世界生物的宏伟的梯形建构中的独特地位和位置，即他在上帝与动物之间的位置，如此鲜明和直接地表现在羞感之中，对此任何其他感觉无法与之相比。"③ 舍勒认为羞感是人类特有的，因为羞感的产生必须具备身体和精神两个基本条件，由于神没有身体而且是全能的所以神没有羞感；而动物虽然有很多感觉与人类相似，但他们没有精神和灵魂，所以也不具备羞感。唯独人同时具备神性和动物性，是介于神和动物之间的存在，是精神和身体的统一体。人与动物的重要区别就在于人不仅有生命冲动，而且有精神，人的精神要求与人的身体需求之间的不平衡正是羞感产生的基本条件。因此，舍勒说："归根结底，羞感产生于较高的意识等级与较低的本能知觉的碰撞。"④ 从本质上说人就是动物性与神性、本质秩序与存在秩序之间的一种桥梁和过渡，在这个桥梁和过渡之外，无论向哪一段延伸，都没有其他任何一种生物能和人一样具有羞感。舍勒认为"耻感实际上是人的精神意识到自身的存在状态与本质存在之间的差距而产生的一种特殊的道德意识"⑤，从这个角度看耻感的存在与人的本质有

---

① 萨特. 存在与虚无 [M]. 陈宣良，译. 北京：生活·读书·新知三联书店，2007：362.
② 萨特. 存在与虚无 [M]. 陈宣良，译. 北京：生活·读书·新知三联书店，2007：328.
③ 舍勒. 论害羞与羞感 [A]. 价值的颠覆 [C]. 上海：生活·读书·新知三联书店，1997：164.
④ 刘小枫. 舍勒选集 [M]. 上海：生活·读书·新知三联书店，1999.
⑤ 吴潜涛，杨峻岭. 论耻感的基本涵义、本质属性及其主要特征 [J]. 哲学研究，2010（8）：111.

着密切的关系，源自人对自身存在本质的知觉。耻感是因为意识到了现实的自己与完满存在的"神"的差距，意识到"实然自我"和"应然自我"的距离，感受到了自身的不完美和欠缺而产生的一种否定性的情感体验。所以，耻感的产生意味着人具有了对存在与本质、实然与应然、现实与理想之间差距的认识能力。

美国著名哲学家约翰·罗尔斯在其代表作《正义论》中对于羞耻感产生的原因也进行了深入分析，认为羞耻感与人的自尊感和正义感有着密切联系。在罗尔斯看来，自尊是一种基本的善，它包含两方面的内容：一方面是个体的基本价值观念、关于善的理念以及个体对实施自己生活计划的肯定性信念；另一方面是个体对自己有能力实现生活目标的自信。当一个人的生活计划的实现能够充分激起他的价值感，那么他就会显得非常自信。罗尔斯认为羞耻感和自尊感有着直接联系，是人的自尊受到伤害或打击的时候产生的感情。罗尔斯还强调了羞耻与悔恨的区别，他认为个体丧失了任何一种善都可能会导致悔恨，如失去机会或财产等。但羞耻则有所不同，它一定是因为个体缺失了某种特殊的善，即个体的自尊受到打击时产生的情感。比如美德就是这种特殊的善，它是对人们最基本的要求，能帮助人们实现自己的生活计划，获得与自身有关联的他人的赞赏，所以一旦有所缺失，就必然会导致人们的生活计划受挫，从而导致人们的自尊受到打击，产生羞耻感。因此，羞耻感可以使人们重新审视自己的生活计划，或重新反省自己的能力，促使个体修正自己的思想和行为。

罗尔斯将羞耻感分为自然羞耻和道德羞耻。关于自然羞耻，罗尔斯认为"这种羞耻不是或至少不直接是由于某种不可分析之善的损失或缺乏而产生的，而是从由于我们没有或不能运用一定的美德（优点）引起的对我们自尊的伤害中产生的"[①]。比如外貌缺陷、思维迟钝等，这些不是我们自愿造成的，也无须自责，但是确实会影响我们的生活，打击我们的自尊，因此会引发自然耻感。关于道德羞耻，则有不同。在社会生

---

① 约翰·罗尔斯. 正义论［M］. 何怀宏，何包钢，廖申白，译. 北京：中国社会科学出版社，1988：446.

活中，每个人都至少有一个有着共同利益的共同体，这种共同体的存在对于个体的自尊实现是必要的，因为共同体可以为其成员的价值感提供坚固的基础，帮助社会成员减少自我怀疑，更好地实现生活计划，人们在其中生活会感受到自己的努力受到伙伴的肯定或支持。罗尔斯认为这样的共同体需要正义原则的维护，因为共同体中的每一个人都是和其他人共同生活、相互依存的，每个人的生活计划也都是并存的，因此作为共同体组成部分的每个社会成员都需要具备一定的优点或美德才能实现自己的人生计划，缺乏这些优点或美德，不仅自己的人生计划无法顺利实现，还有可能互相妨碍。罗尔斯说："当一个人把他的生活计划所需要并内在鼓励的那些德性估价成他的人格优点（美德）的时候，他就可能面临道德的羞耻。"① 也就是说，在一个基本正义的社会中，社会成员秉持着共同的道德评判标准，并在彼此之间建立了比较稳定的思想或行为预期，知道拥有什么样的优点或美德就能得到共同体其他成员的尊敬和赞扬，而缺乏这些优点或美德就有可能破坏自己的人生计划或妨碍其他成员的基本善，从而伤害自己的自尊导致羞耻。总之，在罗尔斯看来自然羞耻和道德羞耻都是和自尊感密切联系的，而且是以一种自我贬低的形式表现出来的情感。但是，在社会中生存，人们需要通过相互依赖来增强自身的力量，形成一些大家普遍认可的正义原则，所以越是正义的社会越有利于激发人们的羞耻感，而越是拥有强烈羞耻感的人越能够坚守正义原则。为了进一步说明正义原则和羞耻感之间的关系，罗尔斯将负罪感和耻辱感进行了比较分析。他认为，负罪感和耻辱感作为两种不同的痛苦形式都是与正义原则相关的，都是我们与他人的关系的产物，都是行为主体所秉持的正义原则受到侵害时产生的否定性情感，但是二者产生的原因和具体表现形式却有所不同。负罪感产生的原因是主体意识到自己的思想或行为侵犯了他人的正义要求引起了他人的不满，对他人造成了伤害，而且这种伤害越大，负罪感就越强烈。羞耻感则有所不

① 约翰·罗尔斯. 正义论［M］. 何怀宏，何包钢，廖申白，译. 北京：中国社会科学出版社，1988：447.

同，羞耻主要来源于主体本该具有的优点或美德的缺乏及由此产生的自尊的丧失，如主体在伤害他人的过程中意识到自己缺乏自制能力而产生的自我挫折感，或因为没有实现自己预期的目标而引发自我贬低。由此可见，羞耻感可以鞭策人们维护自尊，追求更完美的道德形象，有利于维护社会的基本正义原则。

综上所述，西方与耻感有关的思想经历了三个发展阶段，即从古希腊罗马时期的战争荣辱观，到中世纪的基督教罪感思想，再到近现代从哲学、现象学、伦理学等不同研究视域对耻感的探索与分析。虽然中国和西方对耻感研究的角度和侧重点不同，但耻感自古以来就在哲学、社会学、伦理学、心理学等多个领域被思想家们所重视。尤其是伦理学领域，耻感作为人类的一种道德情感在中外伦理文化中都是被推崇的，中西方文化都把耻感当作发展人的良心、培养人的道德品质、激励人们去恶向善的一种重要力量。

第二章
耻感的概念与特征

第一节　耻感的概念界定

概念是逻辑的起点，核心概念的界定有利于厘清研究的边界。耻及与其相关的羞、辱、愧等概念虽然在日常生活中已经为人所熟知，但是在学术上仍然存在模糊不清的情况，这不仅是因为其自身内涵的丰富性，也是因为研究角度的多样性，厘清耻及与其相近的概念内涵，是准确把握耻感概念的理论前提。

一、耻的含义

"耻"古作"恥"，最早出现在春秋战国时期的文献中，在此之前虽然已经产生了耻辱的情感，但是并未产生描述这种情感的文字，可见"恥"是一个出现比较晚的汉字。《说文解字》将"恥"解释为"辱也，从心，耳声"[1]。《六书总要》曰："从心耳，会意，取闻过自愧之意。凡人心惭，则耳热面赤，是其验也。"[2] 由此可以看出"恥"是会意兼形声字，凡人心生惭愧，不觉会面红耳赤。因为心生羞愧之意，可见耻由心

①　许慎著. 说文解字［M］. 杭州：浙江古籍出版社，2016：129.
②　胡凡. 论中国传统耻感文化的形成［J］. 学习与探索，1997（1）：136.

而生，所以从心，又因为耳是听的器官，人因为闻过而导致耳赤，所以"耻"从耳声。汉代时出现了"耻"字，比如《谯敏碑》中就出现了"耻"字。自汉代一直到清末，在使用"恥"的同时也兼用"耻"，不过随着时代的发展，"恥"字逐渐被"耻"所替代，而现代汉语已经基本都使用"耻"字。单从字形上来看，"耻"字比起"恥"中的"心"更强调"止"，暗含"自己听到别人在说自己后，就将想做的事停止不做了"①的意思，形象地体现了耻对人的制约作用。从字义上来看，《辞海》将耻解释为"羞愧之心，耻辱，可耻的事情"，而《汉语大词典》将耻解释为"耻辱，可耻的事情，羞愧，羞辱"。可见，"耻"在古汉语中主要有三种含义：一是侮辱或羞辱，如"夏王无道，暴虐百姓，穷其父兄，耻其功臣"②；二是羞愧之心，也就是羞耻感，如"齐桓公饮酒醉，遗其冠，耻之，三日不朝"③；三是指耻辱，可耻之事，如"越王苦会稽之耻"④。

以上是对"耻"含义的分析，但是"耻"作为中华传统道德中的一个重要德目，我们不仅要把握它的词义，更要挖掘它的道德意蕴和伦理意义，总的来说，在中华传统伦理道德思想史上，耻至少有以下几种用法。

其一，作为道德内容之耻。考察"耻"的伦理意义时，首先就要搞清楚究竟何为"耻"。与荣、辱等概念相似，这个问题的答案似乎有很大的主观性。对于同一现象，不同的主体会有不同甚至完全相反的判断。问题的关键就在于，在这些不同判断的背后是否存在相对客观、统一的内容或标准。如果关于何为"耻"的判断是完全主观的，那么"耻"就不可能成为被普遍认同的道德规范。如果关于何为"耻"的判断不是完全主观的，那么在这种看似主观性的判断之后一定隐藏着某种客观性的内容或标准，这样才能使它成为被人们广泛认同的，在当时、当地社会

① 孙隆基. 中国文化的深层结构 [M]. 西安：华岳文艺出版社，1988.

② 吕不韦. 吕氏春秋 [M]. 上海：上海古籍出版社，1989 (3)：128.

③ 韩非. 韩非子 [M]. 上海：上海古籍出版社，1989 (9)：123.

④ 吕不韦. 吕氏春秋 [M]. 上海：上海古籍出版社，1989 (3)：66.

中具有普遍的规范与调节功能的内容或标准。

《道德经》有云："天下皆知美之为美，斯恶矣。皆知善之为善，斯不善矣。"① 当我们确定了美的标准之后，丑的标准也被定下来了，当我们知道了善的标准之后，恶的标准也被定下来了。可见，性质相对或内容相反的两组概念或事物之间存在着相互生成的关系。"耻"也不是无中生有的概念，它与"荣"相伴相生，"荣"是对善的肯定的把握，而"耻"则是对善的否定的把握。在这个意义上说，"荣"与"耻"通过善恶来直接规定自身，并通过善恶本身的客观性和确定性获得其自身的客观规定与标准。由此可见，考察"耻"的第一前提是对是与非、善与恶的明确区分。那么，对善恶的区分与把握又如何转化为"耻"的具体标准呢？儒家学派的代表人物孟子宣扬"仁政"，曾明确提出"仁则荣，不仁则辱"，这是孟子对当时的封建君主的要求，也是孟子的荣辱标准。战国时期著名思想家荀子继承并发展了儒家思想，更是明确提出了"先义而后利者荣，先利而后义者辱"的荣辱标准。由此可见，"荣、耻以善、恶为最根本的规定，但在具体社会生活中，必将泛化成各种具体的标准，如仁、非仁；义、不义等"②。

其二，作为道德评价之耻。道德评价是人们对于社会中个人或集体行为进行的肯定或者否定的道德判断，对符合道德原则和伦理要求的行为给予肯定性的评价并进行赞扬，对于不符合道德原则和伦理要求的行为给予否定性的判断并进行批判。科学的道德评价是道德发挥其制约和引导作用的重要手段，对于个人道德品质的塑造、社会风尚的改善和社会秩序的稳定有着重要的意义。"耻"正是一种否定性的道德评价，在道德评价活动中发挥着重要的作用。作为道德评价的"耻"，是主体的自我评价或社会评价，是在区分是非、善恶、荣耻基础之上的关于以何为耻的具体道德评价活动。在这种用法里，"耻"常和否定性的字词组合使用，例如，无耻、不知耻等。

---

① 顾悦译注. 道德经 ［M］. 西安：世界图书出版公司西安公司，1997（2）：2.
② 刘致丞. 耻的道德意蕴 ［D］. 上海：复旦大学，2012：67.

　　道德评价维度的"耻"有自我和社会两个评价主体。就自我这个评价主体而言，自我既是作为评价活动的主体，亦是作为评价对象的特定道德行为的主体，评价的主体和对象是统一的。"耻"是主体在内心善面前的自我呈现和审视，是对现实自我和理想自我之间的差距的觉察和评价。因此，一个能够感受到"耻"的人，必然是一个内心有善，并且能以善作为标准进行道德评价的人。就社会这个评价主体而言，"耻"是指来自他人或社会依据某种善恶价值标准对某一特定道德行为的评价。在这种评价类型中，道德评价活动的主体和对象是不同的，评价的对象一般是缺乏道德认知能力或者丧失了道德反省能力的人，这种人要么不知道自己的行为违反了道德，要么明知道行为不道德但是不进行反思，评价的直接结果是"以他为耻"。这种人因为本身的道德观念错误或道德意识不强，难以形成正确的道德情感，所以需要他人或社会的道德评价来帮助他们纠正道德观念，提高道德意识，并形成正常的荣耻观念。在一定意义上说，在两种道德评价类型中，主体的自我评价更具有基础性。因为一切来自于主体之外的道德评价要对作为评价对象的道德行为主体发生作用，都必须借助主体的自我评价这个环节，没有主体的自我意识和自我评价，一切的外在评价都难以产生影响。当然，强调道德评价活动维度中的自我评价，并不否认道德评价活动的社会性，相反还要特别强调社会性道德评价活动的意义，强调这种社会评价在社会伦理环境构成中的重要地位。

　　其三，作为道德情感之耻。此意义上的"耻"是相对于"荣"而言的，指的是行为主体对行为自我否定的道德情感体验。当行为主体做了符合道德要求的善的行为而产生的愉悦、快乐、满足的自我肯定的心理体验统称为"荣"，而当一个人的思想或行为与自我内心以及他人的道德判断不一致且不符合社会道德规范时，会产生羞耻、内疚、负罪等自我否定的心理体验。一般来说这种感受是消极的、痛苦的，而且公开的情境还会大大加重这种负性心理体验，所以行为主体常常会隐藏自我或逃避来减少这种痛苦的心理体验。在这种用法中，"耻"与"羞"相通，并常常与"羞"组成固定的词组——"羞耻"使用。总之，作为道德情感的"耻"表明的是主体内在的情感感受，体现着行为主体的道德认知能力和道德反省能力，对个体的道德行为具有强大的激发和推动力量，是个体道德品质构成的重要部分。道德情感意义上的"耻"，是"耻"得以发挥作用的最重要的机制。无论是作为道德内容或规定的"耻"，还是作为道德评价活动的"耻"，最终必须要通过个体道德情感才能发挥现实作用。

二、相近概念辨析

深入理解耻的含义，我们还需要将它与一些相近概念进行区分，在日常生活中我们谈到耻经常会联想到辱、羞、愧疚等含义相近的字或词，甚至会将它们混用，有些词典也没有很好地区分有时还会循环定义，但在学术研究中，对它们进行辨析和区别，有助于对"耻"有更清晰的认识。

（一）耻与羞

羞，《说文解字》中解释为"羞，进献也。从羊，羊所进也；从丑，丑亦声"①。羞本是一个典型的会意字，最早见于甲骨文，早期"羞"字的形体为左右结构，一边是"羊"，一边是"手"，后期又转变为上下结构。从字形上可以看出，羞本是一个会意字，好像手拿着羊肉进献的样子。金文承续了甲骨文字形，形体有所变化，无论是"羊"还是"手"都渐趋繁化，但以手持羊进献的本义没变。因为"羊"是美味，"羞"是"进献"美味佳肴的意思，所以古时候"羞"也可直接代表美味佳肴。后来到了小篆时期，"羞"发展为上"羊"下"丑"的结构，把原来的会意字讹变为以"羊"表意，"丑"表音的形声字，开始转变为"羞愧""难为情"等义，不仅字形已变，词义也已产生变化。因为"羞"字本身的意思转变，所以又出现了"馐"字来代替专门表示美味之义，这个字

① 许慎著. 说文解字 [M]. 杭州：浙江古籍出版社，2016（6）：137.

一般不单用，而是跟其他的词组合在一起用，比如珍馐。到了汉代，"羞"又在小篆的基础上发展为隶书，以后便循此发展为今天的楷书，目前在现代汉语中，"羞"字已经与"馐"字彻底分道扬镳，完全没有了美食或进献等含义，而是有难为情、愧疚、耻辱等几层不同意思。害臊、难为情意义的羞，是人们通常所理解的羞，经常用来描述面红耳赤、体热焦躁的状态。这种羞是人的一种自然情感，在日常生活中，特别是在女人、儿童或者性格内向的人们当中，经常会发现害羞、难为情的现象。比如儿童见到陌生人常常会因为不好意思而脸红，鲁迅在《呐喊·故乡》中就曾写道："那孩子却害羞，紧紧地只贴在他背后。"① 小孩子见到陌生人时会觉得害怕、羞涩，女性在被异性打量、关注或者开始谈恋爱的时候会感到不自在、害羞，性格内向的人在大庭广众之下讲话会觉得窘迫、不自然。这种作为人的意识现象和自然情感的羞不是因为主体有任何不道德的行为举动，也不是因为受到他人的冒犯或侮辱，而是在特定情形下的自然身体反应。惭愧、耻辱意义的羞，则直接与耻相关，指的是人的一种道德情感。《后汉书·刘玄传》中说："羞愧流汗，举手不能言。"这里的羞就与耻、辱同义。

可见，"羞"是人的一种本能反应，是人性自然情绪的体现，人可能因为任何事情产生羞感，很多人被表扬或夸赞也可能觉得尴尬、害羞，很多时候它对人们的影响都是轻微而短暂的。因此，"羞"是正常生活中不可避免的一部分，每个人每一天都有可能会面对这种情绪，它并不一定具有道德意义，而是要看导致"羞"的具体原因是什么。"耻"则是以感觉自己有过错或知道自身行为可耻为前提的，必然具有道德意义。所以，耻必定羞，但羞未必耻。

（二）耻与辱

虽然"耻"和"辱"这两个概念极为相近，甚至往往是互训的，在大部分时间还会合用为"耻辱"一词，但是也不能把两者完全等同。

---

① 鲁迅. 呐喊［M］. 西安：太白文艺出版社，2016（10）：93.

辱是汉语常用字，最早字形见于商代甲骨文。上面是"辰"字，是"蜃"字的简写。蜃指一种大蛤蜊，因外壳坚硬被先民们将壳制成除草的农具。"辱"字下面是手形，指用手持农具耕作锄草之意。许慎在《说文解字》中认为"辰"指农时，失去耕种的时机，就会受到羞辱。小篆时期下部变为"寸"，已与今文无太大区别。隶书、楷书中再一次平直化，成为今天的"辱"。

辱有多种用法和含义，可以作为名词指"屈辱""耻辱"，表示名誉上受到的伤害，可以作为动词指"侮辱""欺辱""辱没""辜负"，也可以作为谦词用于客套，指自己使对方受到屈辱，表示承蒙或劳驾。作为动词和谦词的辱一般不会与耻混淆，所以这里需要辨析的是作为名词的"辱"，一般指的是屈辱、被羞辱或被侮辱，是由于外界强加而被动产生的心理体验。在羞辱或侮辱的行为中，承受屈辱的人并不是行为的主动者，而是被动者。"耻"则主要是一个人做了不正当不道德的事情，内心感到羞耻，这里感到羞耻的人是行为的主动者。所以"耻"和"辱"的一个明显差别是产生的外在条件不同，耻感产生的主要原因是自身的思想或行为不当，而辱感产生的主要原因来自他人或社会。此外，"耻"和"辱"的相关者也存在差异。"以耻与辱作对比，耻的相关者会包括与当事者利益与情感相涉的人士，而辱的相关者不仅有亲朋，甚至还包括敌对分子。在受辱事件中，敌对者比亲近者的在场造成的心理影响可能更深。"[1] 在"辱"的体验中，直接相关者一般是敌对者即施辱者，但是因为施辱者的主要目的是侵害乃至摧毁受辱者的人格尊严，所以往往会把侮辱行为公开化，比如古代的游街示众或"文革"时期的"万人批斗大会"，他人尤其是亲近之人的在场会加重"辱"的体验。可见，"辱"既与敌对者相关，也与亲近者相关，尤其是必须要有施辱者这一角色存在。"耻"则不然，即使没有相关者在场，甚至完全没有他人在场，只要当事人自己认识到思想或行为不当，就足以产生"耻"的体验。

---

① 陈少明. 关于羞耻的现象学分析［J］. 哲学研究，2006（12）：103.

（三） 耻与愧

愧，形声字，最早见于金文，写作"媿"，从女、鬼声。"愧"乃"媿"字的异体，女旁易作心旁，乃强调字义中的心理作用，后遂以"愧"代替"媿"。"愧"的本义是惭愧，可以引申为因理亏或做错事而感到不安或难为情。"愧"与当事者的行为不当有关，"不过不一定同不体面或不名誉的道德问题有关，而是更多地同能力或者行为后果有关，特别是当其同他人的希望反差太大，或者与自己渴求的目标相距甚远的时候"①。所以，虽然都与当事人的行为有关，但与"耻"是源于行为的不道德不一样，"愧"可能并不涉及道德问题，而是与个体的主观愿望和事件的公开性紧密相连。首先，"愧"的产生可能不是因为行为不道德，而是因为个人的能力欠缺或者运气欠佳，最终导致事与愿违。比如有人忙于工作很少照顾家庭会觉得愧疚，有人虽然努力了但是最终没有做到承诺过的事情也会觉得愧疚，这些都不涉及道德问题。此外，因为产生的原因不同，"愧"和"耻"的应对方式也有所不同，"愧"的应对方式主要是逃避或重新振作，"耻"的应对方式则主要是逃避或痛改前非。其次，行为的公开化会加深"愧"的程度，这一点是与"耻"相似的。比如被寄予厚望的运动员突然因伤退赛或者在关键时候失手，会觉得无法面对亲友和观众；一个将军因决策失误输掉了战斗，会无颜面对上司与下属。总之，虽然"愧"的产生可以与道德问题无关，但是主体的主观愿望越是强烈，他人越是充满期待，当事件发展偏离预期目标时，就会产生越强烈的羞愧感，所以"愧"也包含当事人和相关者的要素。

综上所述，耻、辱、羞、愧都是古代形容羞耻感常用的词，都属于羞耻感家族，包含构成羞耻或耻辱现象的基本要素，如当事人、相关者、脸面、主动或被动行为等，但因这些要素的配置或排列不一样，所导致的心理意义与社会意义也有所差别。这种相关词义的辨析虽然是初步的，仍有很多不足，但不仅有利于准确理解和把握不同羞耻现象的特征和表

---

① 陈少明. 关于羞耻的现象学分析 ［J］. 哲学研究，2006（12）：102.

现，也有助于更加清晰地界定耻感的概念，以及不同文化传统中羞耻观念的差别。

三、耻感的概念

根据前文的分析，"耻"本身是一个具有多重规定性的概念，具有广泛和丰富的内涵，它可以指事件即可耻之事，也可以指情感即羞耻感。一般来说事情发生在前，情感体验在后，但是可耻之事的发生本身就包含了认为某事件可耻的情感体验，所以从这个意义上来说，二者并无先后之分，而是高度融合、一体两面。但需要注意的是，耻感与"耻"的概念并不完全等同，我们谈到"耻"一般是否定性的，耻的现象也没有什么值得肯定的地方。耻感则不同，它是人类所特有的一种情感表征和心理因素，是根据个体内心的善恶标准，对特定的行为和现象做出否定性评价而形成的否定性的主观感知和心理体验。这种否定性的主观感受和心理体验会促使个体纠正自己的行为以规避和抵制耻辱，成为个体趋善避恶的动因，因此在中国文化传统中一般认为耻感是一种积极的道德情感。高兆明教授曾对"耻"和耻感进行了区分，他认为"耻以否定性方式表达了人的内在规定性，耻感则是以否定性方式把握善。耻感形成于对善、自我及二者差距的自觉意识"①。从学科领域考察，哲学、社会学、伦理学、心理学、教育学等不同领域基于不同的视角会有所差异。而且，在不同的时代背景和文化环境之下，"耻"所指向的内容和形式也会有所变化，特别是在语言互译时也会增加"耻"概念的模糊性，比如说害羞、羞耻、羞愧等相似概念经常会混用、互用。总之，关于何为"耻感"，从定义上来说具有复杂性和宽泛性，迄今为止国内学界还没有形成非常统一的意见，但是从根本上人们对耻感的定义也具有一定程度上的一致性，大多学者对于耻感的内涵是从综合性的角度去解释的。一些较为权威的字典和词典做出了一些可以参考的解释，如《德育百科全

---

① 高兆明. 耻感与存在 [J]. 伦理学研究，2006（3）：1.

书》将"羞耻感"解释为："是个人对自己不良思想行为和恶劣品质深刻认识后的悔恨或愤怒的心理感受，是个人道德自我意识的表现。"① 《心理学大辞典》将"耻"定义为："个体认识到自身违反社会规范后产生的自我谴责的情感体验。"② 此外，国内的一些学者也对耻感及其相关的概念做出了很多具有共通性的解释，如河北师范大学博士李海认为："耻感即羞耻感。概括地说，就是个体违背道德或感到个人无能时，基于一定的是非观、善恶观、荣辱观而产生的一种自觉的指向自我的痛苦心理体验。"③ 清华大学教授吴潜涛、杨峻岭认为："伦理学意义上的耻感即道德耻感，它是行为主体基于一定的道德要求和伦理准则，在对自身的思想道德行为进行自我评价或接受他人及社会的评价时，所产生的一种否定性情感体验，是个体的自我意识能力、道德选择能力和道德评价能力的一种特殊体现。"④

结合以上的分析及对前人研究成果的思考，笔者认为：耻感也叫作羞耻感是人所特有的一种情感体验，是个体因基于一定的是非观、善恶观、荣辱观而自我知觉到自身思想行为不符合社会道德标准和行为规范时，而产生的一种指向自我的负性情感体验，通常表现为内心的不安、愧疚、难为情、自责、悔恨等。

第二节　耻感的主要特征

耻感作为一种否定性的心理体验，是人类道德情感的重要表现形式，与其他道德情感相比，有其自身显著的特征。耻感的主要特征有如下几个方面。

---

① 德育百科全书编委会. 德育百科全书 [M]. 天津：天津人民出版社，1994：170.

② 林崇德，杨治良，黄希庭主编. 心理学大辞典 [M]. 上海：上海教育出版社，2003：859.

③ 李海. 论耻感与自律 [J]. 道德与文明，2008（1）：45.

④ 吴潜涛，杨峻岭. 耻感的基本涵义、本质属性及其主要特征 [J]. 哲学研究，2010（8）：109 – 115.

一、基础性和普遍性的统一

耻感具有基础性。道德本身是有一定层次性的。我国儒家思想中就有划分道德规范层次的理论，孔子在对其道德体系的核心"仁"进行阐述时便将"仁者爱人"分为较低层次的"孝悌也者，其为人之本与"和较高层次的"泛爱众而亲仁"。美国著名学者约翰·罗尔斯则在《正义论》这本书中将人的个体伦理道德内容分为三个层面：自然义务、职责义务与分外义务，认为自然义务是人的基本任务，职责义务是社会制度赋予的，而分外义务则是更高层次的美德追求，也是对道德进行了不同层次上的区分。从道德层次论的观点出发耻感是一种低层次的道德规范和要求，耻感的基础性是与高层次的道德标准相比较而言的，它不是向人们提出高尚的道德品质要求和道德理想目标，而是在最平凡的日常生活中对人们最基本的道德规范和良知底线的坚守和维护。因为较高层次的道德是以较低层次的道德为发展基础的，如果道德的基础不牢固的话，较高层次的道德就无从讲起，道德培养的整体目标也不可能实现。所以，耻感教育在整个道德建设过程中来说具有一种作为前提和基础的地位以及逻辑上的优先性。就比如要建造高楼必须先打好地基一样，它是整个高楼的基础和支撑，同时也是第一件要完成的事情，没有看似普通的"地基"也就不会有冲入云霄的"摩天大厦"。总而言之，耻感是最基本、最低限度的道德要求，同时也是道德的最后屏障和道德建设的基石，从这两个方面看，耻感都具有鲜明的基础性。

耻感还具有普遍性。耻感具有普遍性是因为它几乎对所有社会成员都适用，无论民族、性别、年龄、文化水平有何差异，存在着几乎被所有人类认为羞耻的事情或行为。例如，无论东西方文化有何差异，但是只要是文明社会，就会对"愚昧无知""忘恩负义""偷窃""乱伦"等心理和行为产生羞耻感。很多科学家发表著作认为在全球各大洲迥异的文化中，人们具有相同的表情和体验性特征，甚至在文字未曾出现、与西方文明毫无联系的孤立文化中也是如此，大多数理论都认为愤怒、快乐、恐惧和痛苦是人类普遍存在的体验，羞耻感也是如此。很久以前达尔文就曾经观察到，全世界每种文化中的人都用相同的生理信号表达羞耻感，如低垂目光、回避眼神、垂头丧气，还伴有脸部或身体其他部位发红。无论是达官贵人还是市井小民，无论是君子还是小人，只要是作为人存在，总是会有羞耻心的。正如荀子所说："材性知能，君子小人一也。好荣恶辱，好利恶害，是君子小人之所同也。"① 尽管不同的人对于荣耻的具体理解和追求可能不同，甚至有可能会大相径庭，但是他们都会按照自己的理解在自己的能力范围内努力求荣避耻。耻感的普遍性其实是由它的基础性决定的，正是由于耻感是对每一个社会成员最低限度的基础性要求，对人们来说是属于较低层次的道德修养要求，能为大多数人所接受并很容易践行，所以才具有广泛的普遍适用性。正如托克维尔所说："人类永远和普遍需要制定出一套使任何人在任何地方和任何时代都不敢违反，害怕违反时会遭到斥责和耻笑的道德规范。违反道德规范的行为，被称之为作恶；遵守道德规范的行为，被称之为善。"② 耻感的普遍性一方面是特殊的普遍，它是具体时代的时代精神，因此它是当代人类社会的普遍，而不是自古以来所有人类历史的全部、普遍。另一方面，这个普遍性并不是无一例外的量的集合，而是指当代人类社会占主导地位的价值取向，所以个别人的不承认或者是非不分、荣耻颠倒并不能影响耻感的普遍性特征，并不能真正的颠倒是非黑白。罗尔斯曾经提出过"重叠共识"的思想，在他看来"在现代民主社会里发现的合乎理性的完备性宗教学说、哲学学说和道德学说的多样性，不是一种可以很快消失的纯历史状态，它是民族社会公共文化的一个永久特征"③。但是，在一个长治久安的社会中，这些不同的完备性理论体系存在着"重叠共识"，具有不同价值观的社会成员可以有效地交往合作，这种交往合作取决于社会成员具有合理的善恶观和正义感。罗尔斯的理论说明了，

---

① 谢丹，书田译注. 荀子 [M]. 上海：书海出版社，2001：25.
② 托克维尔. 论美国的民主（下册）[M]. 董果良，译. 北京：商务印书馆，1988：775－776.
③ 罗尔斯. 政治自由主义 [M]. 万俊人，译. 南京：译林出版社，2000：37.

在现代多元社会中存在着基本的善恶是非价值观念，也使社会成员具有基本的荣耻标准，无论某个人或者某个团体本身具有什么样的具体道德观念，他或他们都不能违背人类社会普遍认同的价值标准，不然将会被整个人类社会所不齿。总而言之，耻感既有基础性又有普遍性，它面向所有人，对所有社会成员提出了要求，是道德建设中至关重要的基础性环节，对社会主义道德建设具有重要的意义。

二、他律性和自律性的统一

"自律"和"他律"原本是康德道德哲学用语，"自律"即支配道德行为的道德意志纯粹由自身的理性所决定，不受制于外部必然性，而"他律"即支配道德行为的道德意志受制于外部必然性，而非由自身的理性决定。康德认为，在他之前的伦理学都是从行为主体之外，如上帝或神，从感官欲望、情感、利益等中引出道德，都是他律伦理学，这种他律伦理学是不科学的。康德认为人是目的，而不是手段，人的价值在于自身的"意志自律"，主体应该自己为自己立法，自己制定道德准则并要求自己遵守（康德，1785）。如果人们在道德实践中只遵守他律原则，会使自己沦为手段和工具，就无法在行为中获得自由和尊严，所以康德主张建立自律伦理学，在伦理学领域实现"哥白尼式革命"。"黑格尔则认为个体自身'意志内部的自我规定'还只是停留在形式道德的阶段，这种'意志内部的自我规定'只有进入家庭、市民社会、国家这些客观性伦理实体中，得到各种伦理关系的规定和影响，才能成为真实的道德。"①

耻感作为一种道德情感，也具有他律和自律相统一的道德品性。耻感的他律性指的是个体在意识到外界的批评和谴责时会对自己言行举止上的欠缺感到羞耻。耻感的自律性则指人不需要外界的评价，仅依靠个体良心的监督就能在内心对自己的不当行为产生羞耻感。美国人类学家

---

① 杨峻岭.道德耻感论［M］.北京：中央编译出版社，2013：78.

本尼迪克特首次明确区分了西方的罪感文化与日本的耻感文化，她在研究日本文化类型的名著《菊与刀——日本文化的类型》一书中将日本文化判定为耻感文化的代表，并且认为真正的耻感文化是靠外部强制力起作用的，耻感的产生需要有外人在场，或者感觉到有外人在场，而真正的罪感文化依靠罪恶在内心的反映来行善，并不需要有外人在场。本尼迪克特在《菊与刀——日本文化的类型》中描述，"别人的评价"是日本人人格塑造的主要动力，日本人非常重视他人对自己的认可和自己在社会中的地位，这与西方强调忏悔赎罪的"罪感文化"是完全不同的。由于中国传统文化与日本文化之间深远复杂的联系，所以一些不了解中日差异的西方学者往往将两者混为一谈，认为中国人的耻感也是完全依靠外部评价起作用的。而且，中国文化中极具特色的"面子文化"似乎在某种程度上也印证了一些西方学者认为耻感依靠外部强制力起作用的看法，也正是依据这种看法，本尼迪克特认为耻感就其道德约束力来说远逊于西方从内心深处产生的罪感。诚然，从约束力上来说单纯地依靠外部强制力起作用的他律道德与自律道德确实存在差距，但是《菊与刀——日本文化的类型》最初是本尼迪克特在第二次世界大战之后受美国战时情报局委托写成的研究报告，主要目的是从文化人类学的角度研究日本的民族性，以确定美国该如何处理具有东方文化背景的日本问题，尤其是关于日本投降的可能性以及战后是否有必要保留天皇这两个问题。本尼迪克特在进行研究时运用了文化人类学的研究方法，以居住在美国的日本人和战时拘禁在美国的日本战俘为调查对象，并且收集了大量有关日本的文学艺术作品，得出了日本文化是不同于欧美"罪感文化"的"耻感文化"的结论，并且从美国立场出发分析和评价了投降后的日本人民族心理以及相应的对日政策。但是，她在研究日本文化时并没有去日本进行过实地考察，也没有了解过包括中国文化在内的其他东方文化，因此她的研究和论述本身就具有一定的局限性，她的观点有着明显的美国式的思维和西方文明的傲慢。同时，虽然日本在历史上曾经大量吸收和融合过中国文化，但是日本对中国文化的汲取并不是单纯的拿来主义，而是经过层层过滤，最终无论是"神"还是"形"都与中国文化有非常大的差异。关于中日文化的差异，日本学者森岛通夫在《日本为什么成功》一书中有这样一段论述："日本的儒教开始时与中国的儒教信奉同样的准则，但是由于对这些准则所作的不同研究和解释，其结果是在日本产生了一种完全不同于风行于中国的民族精神。"① 文化上的巨大差异使得中日两国的"耻感文化"也有着非常明显的差异，了解这种差异有助于我们了解中国耻感文化的特性。所以，与本尼迪克特所定义的单纯依靠外部强制力起作用的耻感文化不同，事实上在中国文化背景下耻感并不是单纯的他律道德，中国人的耻感自古以来就具有他律性和自律性相统一的特征。

个体在他人以及社会评价的影响下，会对自身不当的思想和行为产生羞耻的心理感受，这体现了耻感的他律性特征。在这种情况下，耻感是会受到个体自身以外的其他因素的影响和约束的。孔子在《论语·学而》中说："恭近于礼，远耻辱也。"② 在这里，孔子强调的就是耻感的他律性特征，是基于外在"礼"的要求而表现出恭敬的态度使自己的行为符合"礼"以使自己免于耻辱，说明了具有他律特征的耻感是以外在的"礼"为导向的，体现了个体对来自他人和社会的评价的心理感受，外界的"礼"的规范要求和他人及社会的评价会对个体的行为产生一定的约束作用。以中国最典型的面子文化为例，美国汉学家费正清强调了面子的社会性，认为个人的尊严从适当的行为和社会赞许中获得，失去面子则是由于不能遵守行为的法则，以至于在别人看来处于不利的地位。可见，在面子文化中个人的价值是从外部获得，由外界塑造的。但是需要注意的是，羞耻与面子还是有差异的，虽然羞耻及其动机总是以某种方式包含着一种涉及他者目光的观念，但是在它发挥作用的大多数场合，并不需要真实存在的他者，只要有一个来自想象中的他者目光就行。想象中的旁观者可以很早就出现，萨特曾经以钥匙孔的偷窥为例来考察人的羞耻感。他举例说当我独自一人通过钥匙孔偷窥房间时，我沉浸在自

---

① 森岛通夫. 日本为什么成功——西方的技术和日本的民族精神 [M]. 胡国成，译. 成都：四川人民出版社，1986：4-10.

② 杨伯峻，杨逢彬注译. 论语 [M]. 长沙：岳麓书社，2018：11.

己看到的事物当中对事物产生了意识，却没有产生自我意识，但是如果我突然听到走廊里有脚步声，意识到有一个他人会注视我，那么羞愧感就会油然而生。在此，通过感觉到他人有可能正在注视我，我才会注视自己，由此产生了自我意识，并在自我意识中发现了他人的存在。即使他人最终并未出现，这场虚惊也会使我放弃窥视①。在这一案例中，一个想象中的旁观者就足以触发羞耻的反应。那么，在没有外界的规范和评价的情况下，行为主体能否自发地依据自己内心认同的道德规范的要求，对自身的不当思想和行为进行自我评价而产生羞耻，体现的则是耻感是否具有自律性特征。

耻感的自律性指的是它不是源自外在的约束力而是产生于个体自身的道德信念，是行为主体由于没有满足自身的理想和自我的要求而产生的指向自我的否定性的心理感受。"由礼至仁"是孔子的重要观点，正如李泽厚所说"作为外在的'礼'只能规范、管辖人们的行为。……作为内心心性修养和人性境界的'仁'，涉及的是人性情感的培育塑造，它是一种个体追求的宗教性的道德。前者具有强制的力量，后者纯系个体自愿的选择"②。这段话充分说明了"仁"在儒家思想体系中的地位，它较之于"礼"更为根本，是孔子思想的核心。从道德评价的角度看，"礼"作为一种外在的伦理规范主要体现在一种外在的约束力量，能约束人的行为，但对于人的内在情感的作用则较小；与"礼"不同，"仁"发自道德主体从自身内部产生的对自身的道德体认和评价。与之相似，当耻感产生于外部对个体的负面评价时体现出一种他律性，是行为主体为了避免这种负面评价不得不改正自己的行为，而当耻感产生于主体自身对自己言行的评价时则主要表现出自律性。孔子认为"礼"只有通过内在的"仁"才能呈现应有的精神气质，君子只要不违背"仁"就不必介意外在的评价。真正的耻感也是如此，其根本性的决定因素是个体的道德自觉而不是外界评价。所以，孔子说："士至于道，而耻恶衣恶食者，未

---

① 萨特. 存在与虚无 [M]. 陈宣良，译. 北京：生活·读书·新知三联书店，1987：343 – 345.

② 李泽厚. 论语今读 [M]. 上海：生活·读书·新知三联书店，2004：319.

足与议也。"① 孟子曰："声闻过情，君子耻之。"② 朱熹曰："夫有罪无罪，在我而已，岂以自外至者为荣辱哉？"③ 孔子、孟子和朱熹的言论中都体现了认为耻感在于自身而不在于外在评价的观点，说明了中国文化中的耻感具有鲜明的自律性特征，这种自律性特征及中国传统文化中对"内讼""养心""慎独"的提倡与西方罪感文化中的自省意识其实是非常相似的。中国文化中不仅注重外在评价，有独特的面子文化，同时也非常强调自我修养，最能体现这点的就是内省与慎独的道德修养方式。中国古代思想家主张人应该每日坚持自我反省，认为这是修身的基本功。《论语·学而》中记载曾子曰："吾日三省吾身，为人谋而不忠乎？与朋友交而不信乎？传不习乎？"④ 这里的"三省"是虚词，并不是只要反省三次，而是多次反省自己。修身的最高境界就是慎独，出自《中庸》："莫见乎隐，莫显乎微，故君子慎其独也。"⑤ 慎独就是指在个人独处、无人监督的时候，也能谨小慎微，严格要求自己，自觉遵守道德准则，不做任何不道德的事。慎独既是儒家提倡的道德修养方法，也是儒家追求的道德修养的高境界。一个人如果没有坚定的道德信念，需要依靠外部监督来规范自己的行为，那么一旦无人监督、一人独处，就有可能会放纵自己。相反，一个人如果在任何场合任何情形下都能恪守道义，绝不放松对自己的要求，即使一个人独处时也是如此，说明他已经把外在的道德规范内化为自身的道德信念，形成了内在的道德意志。所以，相比自省或多或少有可能还需要外在规约，慎独是完全凭借内心信念和道德自觉来实现修身的，更能体现主体的道德修养能力，也更能体现儒家对从他律走向自律的追求。

总之，如果没有个体自身对"耻"的自觉体认，外界的评价对于个体而言只不过是一个外在的、僵硬的规范，很难作用于人的内心，也就

---

① 杨伯峻，杨逢彬注译. 论语［M］. 长沙：岳麓书社，2018：47 - 48.

② 颜兴林译注. 孟子［M］. 南昌：二十一世纪出版社，2014：141.

③ 朱熹. 论语集注［M］. 济南：齐鲁书社，1992：38.

④ 杨伯峻，杨逢彬注译. 论语［M］. 长沙：岳麓书社，2018：5.

⑤ 戴圣. 礼记［M］. 郑州：河南科学技术出版社，2013：222.

难以有效地发挥其约束作用；而如果没有他人和社会的合理评价，耻感也会失去其存在的依据和特定的内容，从而沦为盲目、随意的主观自律，也就无法解决"何以为耻"和"以何为耻"的问题。所以，真正的耻感应该是自律性与他律性的统一体。同时，耻感的产生与人的良心的发展程度有着密切的关系，个体良心发展程度不高的人的耻感一般会更多地表现出他律性，即表现出与他人或社会的批评、谴责的相关性；而个体良心发展水平较高的人的耻感则会表现出强烈的自律性，即无论是否有他人在场，只要做了违背自己认同的道德规范的事甚至只是产生了违背道德规范的想法就会感到羞耻。因此，耻感既具有他律性也具有自律性，且总体上来说遵循着由他律向自律逐渐发展的规律。所以，耻感文化背景下的中国人的耻感也具有自律性和他律性相统一的道德品性，而建立在自律性和他律性相统一基础上的中国人的耻感对外界评价的重视不仅不会削弱其道德约束作用，反而因为这种双向度的产生机制而从外部和内部同时对中国人的道德意识和行为产生影响，具有双重的约束力。

三、社会性和历史性的统一

耻感不是生来就有的，而是人在后天习得的，是人在社会中生活逐渐认同社会的基本道德规范并将其内化后产生的，是伴随着人生理、心理的发展成熟而发展起来的。《说文解字·辰部》中是这样说的："辱，耻也。从寸，在辰下。失耕时，于封畺上戮之也。辰者，农之时也。"① 按这种解释，耻感最初是远古农耕时期农民由于某种原因错过耕种时间受到刑罚而产生的。在农耕社会之前的原始社会，人们主要靠狩猎、采集来维持生计，文明程度非常低，也并没有出现伦理道德意义上的"耻"。这就说明当个体违背一定的规则规范时会产生耻感，而规则规范本身就是一定社会条件下的产物，人类社会要发展到一定的阶段才能形成规则规范，所以耻感必然是在社会生活和社会关系中产生的，而且是

---

① 许慎. 说文解字 [M]. 上海：上海古籍出版社，2007：744.

随着社会文明的不断发展而发展的。与东方文化不同的是,西方文化中羞耻感的产生不是因为农耕误时而是因为赤身裸体,那么人类为什么对赤裸身体感到羞耻?德国文化史家赫尔曼施赖贝尔认为人类最初裸体是非常自然的状态,穿上衣服是为了御寒,但是因为赤裸的身体上有缺陷或者裸体的人犯了错,这时候衣服才有了遮羞的作用。可见,无论羞耻感产生的原因是什么,在东西方文化中都认同从群体角度来说人类在最初是不具有羞耻心的这个观点。有研究表明,羞耻感是人类在部落或小型社会的长期生活中逐渐进化而来的。在我们的演化历史中,人类是以部落的形式生存下来的,对于部落成员来说,个体的生存非常依赖群体的合作,违背部落规范或损害集体利益的成员会受到所在部落其他成员的排斥,甚至可能会被部落驱逐出去,不再受到保护,而这会使他们的生存概率大大降低。所以,镌刻在我们基因中最深层次的需求之一就是归属于某个比我们自身更重要的团体,心理学家将这种内驱力称为"归属需要",所以我们天生渴望联结,即渴望与伴侣、朋友、亲人乃至社会群中的所有成员建立联结,我们需要他人的情感卷入才能完整地认识自己。根据这种观点,羞耻感可以增强集体凝聚力,提高个体乃至整个部落的生存概率。感到羞耻的能力具有生存价值,就像疼痛虽然是一种痛苦的体验却可以避免身体的损害一样,羞耻感可以帮助我们避免来自社会的贬损,而社会的贬损会导致孤立和死亡。近年来,"错失恐惧症"成了一种网络文化现象,很多科学家对此产生兴趣而展开了研究,发现社交媒体和不断扩大的社交网络为我们提供了更多的社交选择,这些选择之多让我们应接不暇,唯恐做出错误的选择。归根结底,这种"错失恐惧症"害怕的是被他人冷落或排斥,这仍然与我们对归属的渴望有关。微博、论坛、微信等现代社交媒体让我们在表面上与更广大的人际圈产生了联系,但也让我们面对了这样一个窘境:我们更容易归属于一个群体,同时也更容易被群体所排斥。由于我们渴望联结,终生都对归属感有很强烈的需求,如果这种需求没有得到满足就会体验到羞耻感家族中的某些情绪。对于被冷落的恐惧,对于变成局外人或圈外人的恐惧,使我们即使在没有做错任何事的情况下,仅仅因为意识到自己不受欢迎,不被心仪的群体接纳就会引发羞耻，因为我们担心不完美、有缺陷的自己是我们受到排斥的原因。

从个体角度看，著名心理学家皮亚杰、柯尔伯格通过研究也都承认个体存在一个"前道德阶段"，处在这个阶段的幼儿并不理解规则的含义也不具有道德感，其行为大多出自本能，对问题的考虑都是以自我为中心，他们的行为既不是道德的也不是非道德的，不能用一般的道德标准来判断。人在无自我意识的婴儿阶段，是不会因为自己的行为而感到羞耻的，这也表明遗传对于耻感的影响很小，耻感主要来自后天的生活实践和学习。只有到了人的社会自我形成的初期，也就是儿童能够认识到自我的存在，能够将注意力集中在自己身上时才会开始出现羞耻体验。但是此时的羞耻情绪表现还不能称之为道德伦理意义上的耻感，只有当儿童进入了社会自我阶段，社会角色意识和社会责任感逐渐形成，才可能对自己的违规思想和行为产生一种"他律"性质的耻感。比如，父母在教育孩子的时候经常会说"羞不羞啊"或者"脸红了吧"等话语，虽然"脸红"是羞耻感产生时的一种先天性的生理反应，这种生理反应的产生和消失都是行为主体无法自如控制的，但是导致行为主体出现"脸红"这种生理反应的根本原因，却不是先天的，而是人后天接受教育从而对道德原则和伦理规范产生认同的结果。如果个体脱离了社会关系，没有社会习俗和后天教育的影响，没有建立起应当信奉和遵从的价值观念和道德原则，自然就无法认识到自己行为的不当之处，也就无法产生羞耻的情感体验。羞耻感是父母帮助孩子进行社会化的主要工具，虽然那些与羞耻感有关的词汇是成年人使用的，幼儿对于他们并不熟悉，但是那些词汇所描述的感受近似于幼儿在父母开始逼他们接受社会化教育时感受到的痛苦。对于社会自我时期的儿童来说，社会道德原则和伦理规范只是迫于外在权威（父母、长辈、教师等）震慑而接受的外在行为规约。只有当儿童进入心理自我的阶段，随着他们的逻辑思维、抽象思维等能力的提高，促进自我意识，尤其是道德自我意识的成熟，外在的道德原则和行为规范才能逐步内化为个体内在的道德信念。此时，个体才会以内化的道德标准和道德观念去认识和评价自我及他人的道德行为，而当自身违反道德原则和伦理规范时，会产生比社会自我时期的儿童强烈得多的羞耻感，并表现出明显的"自律"性质。总之，个体自我意识的相对成熟是耻感形成和发展的重要条件，没有自我意识尤其是道德自我意识的发展与成熟，个体不可能产生积极的耻感体验和意识，更不可能使耻感从"他律"走向"自律"。由于个体自我意识不是先天就有的，而是在个体与社会生活环境相互作用、相互影响的过程中逐步形成和发展起来的。所以，个体自我意识的形成和发展离不开社会环境，耻感的形成和发展也离不开社会环境，都具有强烈的社会性。

耻感的社会性充分表现在只有人才具有耻感，除了人以外的任何其他动物都不能感觉到羞耻，因为社会性是人区别于其他动物的特殊本质，是人的本质属性。比如说对于动物来说生存是第一大事，饿了要吃饭是一切动物的本能，但是却有气节高尚的人宁愿饿死也不吃嗟来之食，甚至可以克服作为动物的生存本能。传说中武王灭商后，商末孤竹君的两位王子伯夷、叔齐耻食周粟，采薇而食，饿死于首阳山。此外，耻感的社会性特征还体现在当行为主体处在特定的社会环境和复杂的社会关系中时会更容易激发耻感，比如说在陌生人面前或者大庭广众之下会更容易感到羞耻，某些社会文化中鼓吹和标榜的角色期待给女性强加了很多难以达到的理想化标准导致女性总有一种自己不够好的意识从而比男性更容易产生羞耻感。

道德是人类社会发展到一定阶段的产物，并且随着社会历史的发展而发展。道德本身就具有历史性和时代性特征，在不同的社会历史条件下，社会道德标准也会有所变化，人们对于什么是善什么是恶这一根本道德标准的认识也不同。因此，任何道德情感都是社会历史的产物，必然受到社会历史发展客观规律的制约，人们不可能产生脱离历史现实的道德情感。耻感也不例外，它产生于一定时期的道德生活和实践中，受到一定时期社会历史条件的制约。

社会在前进，历史在发展，一切的制度、规范、礼仪、伦理不可能一成不变，而是或多或少或早或晚地发生着变化。耻感作为人类特有的道德情感，产生的基础是客观的道德实践和道德生活，其内容也不是一成不变的，而是具有一定的历史性，随着社会历史的发展变化而发展变化的。恩格斯曾说："善恶观念从一个民族到另一个民族，从一个时代到另一个时代变得这样厉害，以致他们常常是互相直接矛盾的。"① 耻感的历史性通过社会道德标准的历史性表现出来，主要体现在不同的社会历史条件下有着不同的内容，与时代背景、文化传统及当前社会整体的价值取向关系密切，受到地域、民族、文化、阶级等的影响，具有显著的时空特点。在《文明的进程》一书中，德国著名社会学家诺贝特·埃利亚斯系统研究了西方国家世俗上层社会人的行为举止的种种变化。譬如人的就餐行为、裸露身体的感觉、擤鼻涕和吐痰的方式、卧室中的行为及对男女关系的看法等，在这些方面，中世纪早期的人们对自己的行为较少调节，对自己的情感也较少控制，而自 16 世纪起，人们对自己行为和情感的控制便朝着越来越严格、细腻的方向有了长足的发展。在这一文明进程中，羞耻的界限也在向前推移。埃利亚斯认为，"在各个社会的不同发展阶段上，甚至是在同一社会的不同阶层里，人们的情感控制水准和模式也会各不相同"②。但是总的来说，随着外部控制和社会禁忌变得越来越精密复杂，行为的文明越是向前发展，人的情感控制也越来越严格和细腻，人的羞耻的感觉也会越来越多样化，越来越广泛。比如，可以从社会历史或文明进程的角度对《圣经》中亚当夏娃看见自己赤身裸体感到羞耻的心理过程进行解释。众所周知，在世界各地人类文明进程的初始阶段，普遍存在着一种生殖崇拜文化，只是后来人们才慢慢地习惯于为赤身裸体而普遍感到羞耻，这种在身体方面的羞耻水准的提升，正是文明进程的一大特色。不过，随着文明进程的发展对于耻感的影响并不总是正向的，在某些方面人们羞耻的感觉也可能出现越来越淡化甚至消失的情况。回顾人类文明从古至今的漫长历史不难发现，随着时代的发展演进，耻感的内涵和具体形式都在不断发生着变化。在历史上，

---

① 中共中央马克思恩格斯列宁斯大林著作编译局. 马克思恩格斯全集（第 20 卷）［M］. 北京：人民出版社，1971：101.

② 诺贝特·埃利亚斯. 文明的进程——文明的社会起源和心理起源的研究（第 1 卷）［M］. 北京：生活·读书·新知三联书店，1998：1.

其偏离人体生理发育的一般状态，也曾蒙受污名。失聪、失明、肢体残疾或畸形的人、肢体缺失的人、过高的人、过矮的人，乃至任何与众不同的人，都承受着社会强加的污名。社会对于人们应当如何行事，以及应当具有何种外表有着成文或不成文的规定，那些过于偏离常规的个体会因遭受排斥而感到羞耻。如今随着时代的发展，越来越多的人开始反抗不合理的社会羞耻感，或者支持历史上蒙受污名的群体的权利。道德标准不仅具有时代性，而且也具有民族性，有些行为在这个民族看来是正当合理的，在另一个民族看来却可能是难以容忍的。托克维尔曾经说过："荣誉观只能来自民族本身的需求，而不能有其他来源。每个民族的荣誉观都有自己的个性。"① 不同时代不同民族的人，所秉持的道德标准不同，与之相适应的荣耻观念也会有很大差异，甚至会出现截然相反的情况。正如布罗涅所说的："廉耻的范畴千差万别，矛盾重重，每个时代都有各自的廉耻范畴。在同一种文化中，每个个体的廉耻观念自成体系，也可以按照自己的个性倾向于这方面或那方面。每种文明也在强调廉耻的某方面而忽略了另一方面的同时，完成了各种廉耻的综合概括。"②

　　总之，在人类文明发展的进程中，耻感的内容和表现形式都会产生变化，比如人类进入阶级社会以后，耻感也会有一定的阶级色彩，阶级不同的人耻感所指向的内容也会出现差异。但是，这并不能否定耻感本身的价值和意义，因为有些行为在任何时代都会被认为是可耻的，比如欺骗、背叛、失信等。所有的文化都以不同的方式来利用羞耻感推行其规范和价值观，以便构建社会凝聚力，减少有悖于集体利益的行为，从而促进社会和文化的延续。因此，社会要实现可持续发展就不能抛弃那些能够维持社会秩序引领社会风尚的荣耻观念，而是要结合具体的社会历史背景不断地加强和深化。

---

① 托克维尔. 论美国的民主（下卷）［M］. 董果良，译. 北京：商务印书馆，1988：788.
② 让·布罗涅. 廉耻观的历史［M］. 李玉民，译. 北京：中信出版社，2005：154.

第三章
耻感的功能与意义

耻感是人们进行自我评估或接受社会评价时，产生的一种特殊的否定性的情感体验，而情感体验必然会引发相应的道德行为倾向，因此耻感不仅内在蕴含着对恶的否定和对善的肯定，而且对人们的道德实践活动具有导善、规范、激励等功能。同时，耻感对人的安身立命、社会主义荣辱观的践行及社会风尚的良性化有着非常重要的意义。

第一节　耻感的主要功能

一、导善功能

耻感的导善功能是指耻感具有激发个体不断向善的功能。

首先，耻感以否定的形式肯定了善。斯宾诺莎认为："羞耻正如怜悯一样，虽不是一种德性，但就其表现一个人因具有羞耻之情而会产生过高尚生活的愿望而言，亦可说是善的。"① 舍勒也说，"人是因为他自己并

---

① 斯宾诺莎. 伦理学 [M]. 上海：生活·读书·新知三联书店，1997：96.

在他心中的上帝面前害羞"①，人是因为知觉到了现实的自己与完满存在的"神"的差距，感受到了自身的不完美和欠缺而感到羞耻，所以耻感体现了人对象征着完美存在的"本质秩序"的追求和对自我的反思与批判。由此可见，耻感虽然本身不是一种德性，但当人在认识到存在与本质、实然与应然、现实与理想的差距的基础上"回转自身"发现自我之欠缺时，当人因为这种差距和欠缺而感到羞耻进而产生过高尚生活和自我完善以最终达到完美的愿望时，耻感就具有了促使人向善的强大动力，从这个意义上来看耻感也可以说是善的。

儒家代表人物孟子的"四德五伦"进一步完善了儒家的道德体系，他将"羞恶之心"提高到了"义之端"的高度，把耻当作道德良知的起源，赋予了"耻"极高的地位。耻感以对善恶的准确判断为前提，它虽然是指向恶的，但若没有善也就不会有恶。恶告诉了人们什么行为是恶的也就是告诉了人们不该做什么，从而以否定的形式肯定了善，"驱恶"的目的是"从善"，所以耻感是对恶的拒斥也就是从否定恶的角度对善的把握。人若有耻感，就会心存善念，不做违反道德的事，而若没有耻感就可能产生不道德的想法做出不道德的事还心安理得，最终完全堕落甚至违法犯罪。所以，耻感以个体对善恶的辨识为前提，以否定的形式肯定了善，在人们向善的道德追求中有着重要意义，是激励人们追求和实现"理想人格"的内在动力。

其次，耻感能人使改过迁善。朱熹说："赵氏曰：'人能耻己之无耻，是能改行从善之人，终身无复有耻辱之累矣。'"② 一个有羞耻心的人如果做了一件违背社会道德标准的事情，因为他人的批评指责或者自己良心的谴责，而产生了羞愧、内疚等痛苦的心理体验，并在良心上进行自我谴责，这种心理体验和良心的谴责会促使人改过迁善，弥补自己的过错。从个体角度看，耻感可以促使个体对自己的行为负责，努力按照自身和社会的理想行事，使自己的行为更加符合社会普遍认同的道德规范，从

①　舍勒．论害羞与羞感［A］．价值的颠覆［C］．上海：三联书店，1997：168．
②　朱熹．四书章句集［M］．北京：中华书局，2012．

而促进个体的发展和完善。同时，耻感还可以通过思想和观念的力量在社会中形成正确的道德观念，改善社会风气。

总而言之，"耻作为一种情感意识的心理机制包含'向外看——寻找差距'和'向内看——知耻改过'两个过程，它们相互联结、彼此呼应，可称之为'双向度'"①。耻感的这种双向度使得人在向外看时找到自身的差距而不断努力追求自我完善，在向内看时知错能改、补过向善，这两个向度虽然方向和过程不同，但都体现了耻感在导人向善上的巨大作用。

二、规范功能

耻感的规范功能是指耻感具有规范、制约和调节人的心理和行为，从而使人更好地适应社会的功能。人是生活在社会中的人，人的行为在社会中一定会引起他人的反馈和评价，这些反馈和评价也会反过来影响人的行为。人如果有正确的耻感就会形成正确的判断善恶荣辱的标准，知道做什么样的事情能够得到良好的社会评价，做什么样的事会被他人批判和谴责。有耻感的人一旦意识到自己的行为有可能招致他人的批评就会在内心产生痛苦或内疚的心理体验，为拒斥这种负性心理体验，人就会按照他人及社会所普遍认可的善恶荣辱标准来约束和修正自己的行为，使自己的行为不再落入羞耻的范围之内，并在以后的生活中尝试避免不良言行，尽量不做会被社会认为是羞耻的事情。"耻感通常产生于集体性的社会互动中，这种社会互动有形无形地促使个体去追求自己的理想形象，并据此不断地评价自己的行为，当个体因不理想行为'出了丑''丢了脸'，自然导致羞耻的感觉；同时，一旦道德主体体验到羞耻感，就有可能成为自我反省和自我调整的动机力量，驱使个体采取某种应对方式以减轻心的不安和痛苦，从而可能构成矫正行为或改正错误的转机。这是荣耻标准规范个体行为的最典型的发生机制。"② 中国古代非常重视

---

① 赵平安，高猛. 耻感的向度与公民道德建构［J］. 江西社会科学，2008（9）：72.
② 刘致丞. 耻的道德意蕴［J］. 上海：上海世纪出版社，2015：141.

对为政者的廉耻教育。孔子说："凡治君子以礼御其心，所以属之以廉耻之节也。"[①] 管理"君子"时，首先用"礼"驾驭其思想，在具体管理细节上融入"廉耻"观念。"君子"的本义是对于统治者和贵族男子的统称，着重强调地位的崇高，后引申为品德高尚之人，它的本义和引申义之间的联系就说明了为政者因为地位高、责任大，所以应该是高尚的人。以前有"刑不上大夫"的说法，人们都认为这是贵族享有特权的证据，其实不然。孔子曾与弟子讨论过这一问题，认为这不仅不是特权，而是对"大夫"的更高要求。"故古之大夫，其有坐不廉污秽而退放之者，不谓之不廉污秽而退放，则曰'簠簋不饬'；有坐淫乱男女无别者，不谓之淫乱男女无别，则曰'帷幕不修'也；有坐罔上不忠者，不谓之罔上不忠，则曰'臣节未着'；有坐罢软不胜任者，不谓之罢软不胜任，则曰'下官不职'；有坐干国之纪者，不谓之干国之纪，则曰'行事不请'。"[②] 这五种情况对于大夫们来说早就定下罪名了，但是却不直接称呼他们有罪，之所以这样讳言，就是为了使之"愧耻"。还有，"是故大夫之罪，其在五刑之域者，闻而谴发，则白冠厘缨，盘水加剑，造乎阙而自请罪。君不使有司执缚牵掣而加之也。其有大罪者，闻命则北面再拜，跪而自裁，君不使人捽引而刑杀"[③]。如果大夫所犯罪行属于五刑范围之内，一旦知道自己将被谴责问罪，就自己到君王的宫阙中请罪，君王不再派官吏捆绑牵引欺凌他们，犯了重罪则接受君命面朝北方跪拜自杀，君王也不派人揪按刑杀。这样虽然"刑不上大夫"，但"大夫"仍"不失其罪"。《华盛顿邮报》的专栏作者克里斯·西利扎认为羞耻感长久以来就是政治的工具，如果总统说了一句话，但经过核查发现纯粹是胡说八道，那么总统就会担心自己在政坛的形象，因此他要么道歉要么不再提及类似言论，所以无论我们是否讨厌政客，都必须承认羞耻感是一种规范政治说辞的手段。大多数政客会关心自己的公众形象和声誉，而羞耻感或者说可能蒙羞的危险会促使他们遵守公众对于当选议员的理想观念。反

---

① 王志新. 孔子家语［M］. 北京：团结出版社，2018：327.
②③ 王志新. 孔子家语［M］. 北京：团结出版社，2018：328.

之，没有耻感的人即使听到他人的批评也不会产生羞愧的心理体验，道德就不会对他产生作用，就会什么样的坏事都可能去干。如果某个无耻的政客不具备感到羞耻的能力或者拒绝感到羞耻，那么公众的反对甚至辱骂就对他毫无影响，无论如何也无法让他改变自己的行为。可见，只有人以恶为耻才会自觉不去作恶的事情，从而达到自我约束的目的，把自己的行为控制在社会规范要求的范围之内。长此以往，外在的社会道德规范就会逐渐内化为人内心的准则，最终实现主体的道德自律。当一个人形成了即使没有外界评价也能自我约束的高度自律的耻感之后，就会在行为之前就预先进行自我审视，一旦产生不道德的念头就会首先自我警示自觉地抵制各种诱惑，控制自己的行为，成为有高度道德自觉的人。

　　社会是由人组成的，耻感不仅对人有规范和约束的作用，对社会也有规范作用。治理国家既要用法治也要用德治，法律的规范作用对规范人的行为以及维持社会稳定起着至关重要的作用。但是，一方面，法律是有适用范围的，不能深入人民生活的每个环节，而且即使目前世界上最健全合理的法律也避免不了存在漏洞，所以需要以德治为补充，去约束那些不在法律规定范围内的不道德行为。尽管在不同的社会文化中所认为的值得羞耻的行为是不同的，但是所有的社会文化都会利用羞耻感来维护自身的准则原则。另一方面，法律是一种外在的控制力，只能借助暴力机构的力量强制性地对人们进行震慑和惩罚而将人们的外显行为控制在一定范围内，却不能作用于人们的内心和思想。任何强制性规范离开了社会成员的自觉遵守都不可能长久发挥作用，能真正从思想动机上对人们进行规范和约束并维护社会秩序的力量最终还是要靠人内心的道德自觉才能起作用。晚明时期的思想家吕坤在《呻吟语·治道》中就曾指出"五刑不如一耻"，说明对于没有耻感的人，刑罚并不能使他们真正悔改。耻感才能作用于人们的内心，使人们真正认识到自身言行的欠缺从而自觉地依据社会规范修正自己的行为。同时，周敦颐曾说："必有耻，则可教。"[1] 人有羞耻心才会对自己的错误行为产生羞愧之心，才会

---

① 李敖主编. 周子通书 张载集 二程集 [M]. 天津：天津古籍出版社，2016：7.

有纠正自己行为的动力，教育才会起作用。正如龚自珍所说"以教之耻为先"，耻感是道德教化得以实现的前提条件，而没有道德教化社会秩序就无法维持，从这个意义上说耻感对社会发展具有重要意义，是规范社会成员的行为、维持社会秩序的内在控制机制。

三、激励功能

在道德认知转化为道德信念，进而落实为道德行为的过程中，道德情感起着重要的中介和催化剂作用。主体在强烈的道德情感的影响下，才会将已有的道德认知转化为道德行为。耻感作为一种特殊的道德情感具有激励个体和社会前进的动力作用，它是激励人们实践道德行为的驱动力。

萨特曾说："唯有欠缺的存在能够向着欠缺者超越存在。"[①] 人总是以某种欠缺的形式存在着，而且也正是这种欠缺性存在激发了人的自我超越性，也就是说人是在克服自己的欠缺的过程中不断超越自我而趋于完美的。所以，相对于"荣"来说，"耻"就是行为主体对欠缺的知觉，也是行为主体努力超越欠缺的内在动力，因此耻感有一种反向的激励作用。中国传统文化非常重视耻感的激励作用，《中庸》中的"知耻近乎勇"以及康有为所说的"人必有耻而后能上"，即知道了羞耻才有勇气改正自己的错误，而后才能积极向上。著名心理学家阿德勒也在其著作《自卑与超越》中强调过羞耻感的反向激励作用，他认为个体因为自身生理或者心理的缺陷而产生"卑劣情意综"，可以激发人们"男性的抗议"，他们会拿出非常的力量努力克服缺陷来维护自己的尊严显示自己的价值，结果往往不仅弥补了缺陷，而且可以超越平凡，取得普通人难以企及的成就。总之，耻感一方面能使人正视自己的错误，激励人们纠正自己的行为。另一方面，能将来自他人的批评、羞辱转化为积极向上、奋发图强的精神动力。朱熹在对"耻之于人大矣"进行注释时指出："耻者，吾所

---

① 萨特. 存在与虚无［M］. 陈宣良，等译. 上海：生活·读书·新知三联书店，2007：123，124.

固有羞恶之心也，存之则进于圣贤，失之则堕于禽兽，故所系为甚大。"①
人有了耻感就能向圣贤靠近，若没有耻感就会麻木、堕落直至无异于禽
兽，什么卑劣之事都能干出来。古今中外历史上有很多知耻而后奋发向
上最后洗去耻辱的故事，如中国古代韩信受"胯下之辱"而后奋起成为
一代名将；勾践受夫差奴役之辱而卧薪尝胆，最终打败吴王，复国雪耻。
司马迁在《史记》中写道："盖西伯拘而演《周易》；仲尼厄而作《春
秋》；屈原放逐，乃赋《离骚》；左丘失明，厥有《国语》；孙子膑脚，
《兵法》修列；不韦迁蜀，世传《吕览》；韩非囚秦，《说难》《孤愤》；
《诗》三百篇，大底圣贤发愤之所为作也。"② 在国外也有这样的例子。
"加拿大曾发生一起桥梁倒塌事故。经查明，事故的直接原因是加拿大工
学院一名毕业生在设计上出了错误。作为名校的工学院为此蒙受了重大
的经济损失和信誉损失。为记住这个惨痛的教训，他们买下了这座桥的
钢材，加工成为戒指，并命名为'耻辱戒指'，颁发给历届毕业生，以此
告诫每位学子牢记校耻。在'耻辱戒指'的激励下，无论岁月怎样流传，
该学院的毕业生都以认真严谨的态度干出了非凡业绩，为母校赢得了更
好的口碑，也同时将'耻辱戒指'铸造成了一枚枚信誉奖章。"③

耻感不仅对个人有激励作用，对于集体、社会和国家也是如此。有
学者认为："集体耻感就像集体荣誉感一样，素来是集体凝聚力的尺度，
也是约束个人行为，增进集体意识的无形手段。"④ 一般来说，一个人的
集体观念越强，他的集体耻感也就越强，为集体雪耻的愿望也就越是强
烈。马克思说："耻辱本身已经是一种革命，耻辱就是一种内向的愤怒，
如果整个国家真正感到了耻辱，那它就会像一只蜷伏下来的狮子，准备
向前扑去。"⑤ 中国的近代史可以说是一部屈辱的历史，同时也是一部惨

---

① 朱熹. 四书章句集 [M]. 北京：中华书局，2012.

② 司马迁. 史记 [M]. 北京：中华书局，2006：760.

③ 商自波. 戴上耻辱戒指 [J]. 政工学刊，2007（7）：45.

④ 陈根法. 心灵的秩序——道德哲学理论与实践 [M]. 上海：复旦大学出版社，1998：
76.

⑤ 中共中央马克思恩格斯列宁斯大林著作编译局编. 马克思恩格斯全集（第一卷）[M].
北京：人民出版社，1956：23.

烈的抗争史。面对外国的强兵大炮，落后的中国不断挨打，但无数革命先烈流血牺牲、前赴后继，亲人同胞被无情屠杀和国之将亡的深刻耻辱感给予了他们强大的精神动力，使他们顽强奋斗、坚韧不屈，最终赢得了国家和民族的解放。戊戌变法失败后，谭嗣同等戊戌六君子被杀，梁启超逃亡日本。那年是庚子年，由于帝国主义的侵略，中国爆发了义和团爱国运动。帝国主义联合起来，组成八国联军，勾结清政府，镇压义和团运动，攻陷了天津和北京等地。当时八国联军制造舆论，污蔑中国是"老大帝国"，讽刺中国过去风光，而现在已经颓废老化、风烛残年、即将灭亡。说中国人是"东亚病夫"，是"一盘散沙"，不能自立，只能由列强共管或瓜分。中国人中，有一些无知昏庸者，也跟着叫嚷"任何列强三日内就可以灭亡中国"，散布悲观情绪，民族危机空前严重。为了驳斥帝国主义分子的无耻滥言，也为了纠正国内一些人自暴自弃、崇洋媚外的奴性心理，唤起人民的爱国热情，激起民族的自尊心和自信心，梁启超写下了慷慨激昂的《少年中国说》。"故今日之责任，不在他人，而全在我少年。少年智则国智，少年富则国富；少年强则国强，少年独立则国独立；少年自由则国自由；少年进步则国进步；少年胜于欧洲，则国胜于欧洲；少年雄于地球，则国雄于地球。红日初升，其道大光。河出伏流，一泻汪洋。潜龙腾渊，鳞爪飞扬。乳虎啸谷，百兽震惶。鹰隼试翼，风尘翕张。奇花初胎，矞矞皇皇。干将发硎，有作其芒。天戴其苍，地履其黄。纵有千古，横有八荒。前途似海，来日方长。美哉我少年中国，与天不老！壮哉我中国少年，与国无疆！"时至今日，全体中国人民仍然没有忘记"落后就要挨打"的耻辱，2014年2月25日第十二届全国人民代表大会常务委员会第七次会议决定将12月13日设立为南京大屠杀死难者国家公祭日，每年12月13日国家举行公祭活动，悼念南京大屠杀死难者和所有在日本帝国主义侵华战争期间惨遭日本侵略者杀戮的死难者。历史是最好的教科书，也是最好的清醒剂。中国人民必须牢记中华民族耻辱和伤痛的历史，牢记落后就要挨打的历史教训，以史为鉴、自强不息，为中华民族的伟大复兴而努力奋斗与拼搏。勿忘国耻不仅仅是对历史的铭记更是国家不断前进的动力，中国必将如同一只从沉睡中醒来的雄狮一般让世界瞩目，中国少年也必将"与国无疆"。

第二节　耻感的重要意义

一、人的安身立命的基本条件

"安身立命"由"安身"及"立命"二词组合而成。"安身"出自《吕氏春秋·有始览·谕大》，其中有一个小故事，老燕雀和小燕雀居住在某户人家的梁上，自以为非常安全，不料有一天，这户人家突然失火，燕雀的巢也跟着遭殃了。这个故事提醒人们，如果天下纷乱，就没有安定的国家；如果国家纷乱，就没有安定的家庭；如果家庭纷乱，个人也就没有得以容身的居所。"立命"则是中国传统文化、传统哲学里面探讨最多的问题之一，最早出自《孟子·尽心上》。孟子提倡王道，重仁义、轻功利，被后世尊称为"亚圣"，他认为一个人如果能存心养性遵守天道，那么他对于寿命的长短就无须忧虑，只需要专心地修养心性，等待命数，这就是成全天命之道。后来这两个典故被合用成"安身立命"，用来指居处得以容身，生活有着落，精神有所寄托。人作为地球上唯一具有思维能力的智慧生物，自人类文明诞生之日起对生命的追求就绝不止步于生理需求，而是要思考如何使自己的生存、生活、生命有所依托，也就是"安身立命"这一根本性问题。"安身立命"实际上讲的是人应如何安排自己的生命以及在社会中实现自我价值，就是如何度过有意义的人生的问题。生存与生活是人类永恒的话题，人如何看待自己，如何与他人和谐共处，如何在社会中找到自己的位置并安稳地生活下去，这些与"安身"相关的问题是每一个要在社会上生存下去的人都必须思考的问题。人是社会的人，不能脱离社会而存在，而人要保证自己在社会中"安身"就必须维护自己所生活的社会的秩序，遵守社会基本规范，必须要与他人产生良性关系并被社会所接纳。这样的人才是有人生价值的、社会化的人而不是与世隔绝只知道生物本能的"野人"，这就需要人们具备一定的道德素质。耻感作为人最基本的道德情感和道德底线就与人的"安身"有着密切的关系，它关系到人在日常生活中能否遵守社会所要求的基本行为规范，能否正常、融洽的与他人交往，能否顺利被社会接纳。具备耻感的人在日常生活中为了避免负性心理体验就会自觉或不自觉地对自己的行为进行衡量不去违背社会规范，或者在行为已经违背社会规范的时候进行反思和补救。同时，耻感还会在人与他人交往的时候按照社会道德的要求规范人的行为，使人不违背社会道德，不伤害他人的利益，如此就能够使人顺利维持各种复杂的社会关系，与他人和谐相处，获得他人、集体进而是整个社会的接纳。人在维持自己的生命、保证自己在社会上能够生存下去并获得"安身之所"以后，还要继续思考如何使自己的生活变得更美好，如何使自己的精神也有所寄托，也就是"立命"的问题。

"安身立命"这一话题，古往今来始终是人要不断思考的话题。关于这一问题，西方的基督教和其他宗教都提出了一些可能的答案，然而生活在以儒家思想为主体的中国传统文化熏陶下的中国人可能无法接受西方建立在"神论"基础上的人生依托之法。中国传统儒家思想中自有其独特的安身立命思想，儒家经典《周易》中就提出"安身"之说，而孟子则首先提出"修身以立命"。需要注意的是，儒家所安之身、所立之命，指的不是躯体，而是整体的生命。儒家不否认人的生理需求，但认为生理需求对人生价值的意义很低，认为人应当突破躯体的限制提升人之生命的更高意义，也就是说，儒家所立之命更多指的是精神生命、道德生命，强调"在内在心性的道德修养中构建主体自由的基地"① 以作"安身立命"之所，因此，要安身、养身以至立命，必须要修身养德，以德为本。简单来说，儒家讲安身立命，离不开修身，也就是道德实践，否则就是一纸空谈。所以，在道德实践中加强道德修养进而培养道德人格与人的安身立命有着密不可分的关系。耻感作为道德培养的一个重要环节与目前中国社会道德建设过程中通常提倡的从道德理想角度提出的社会主义、共产主义道德信仰不同，它所强调的不是一种高标准的道德

① 张立文. 儒家安身立命论 [J]. 社会科学战线, 1993（1）: 100.

或者一种崇高的道德价值追求，而是一种人人都该遵守的最低限度的基本道德规范，但它却是社会规范转化和道德水平提升的重要基础。无论社会如何发展，道德规范的具体内容如何随时代演变，任何一个社会和时代都会自然而然形成与之相适应的社会伦理道德底线。能否守住这一底线，关键就在于是否形成了耻感。耻感之所以被看作是人人都应该遵守的最基本的道德规范，是因为人们道德规范和道德行为的正确认识首先来自对不道德、非道德的认识。也许我们不知道怎么样"成贤入圣"，但我们却必须知道作为人不该做的事情是什么，在不做不该做的事情的基础上，我们才能够接纳做应该做的事情。耻感以否定的形式肯定了善，只有拒斥耻辱才能驱除恶，只有远离耻辱才能向善靠近，耻感所具有的道德焦虑的功能使人们为了避免耻辱所带来的痛苦的心理体验而不去做不该做的事，进而知道什么是该做的事情。所以，耻感可以说是践履正确道德行为的起点和基础，从这个意义上说，耻感也是人"安身立命"的起点。

二、社会主义荣辱观的践行起点

中国传统文化自古以来都强调尚荣知耻，"由义为荣，背义为辱"的价值模式使得"耻感文化"在中国获得了传承不息的生命活力。中国共产党人长期以来一贯重视对中华民族传统美德的发掘和弘扬，并在长期的革命斗争和社会主义建设中不断进行理论探索，最终在扬弃中国古代传统荣辱思想和结合当代改革开放的实际的基础上形成了自己关于荣辱观问题的根本认识——社会主义荣辱观。

2006 年 3 月 4 日，胡锦涛在参加全国政协十届四次会议民盟、民进界委员联组讨论的讲话中指出，在我们的社会主义社会里，要引导广大干部群众特别是青少年树立以"八荣八耻"为主要内容的社会主义荣辱观。胡锦涛关于社会主义荣辱观的重要论述旗帜鲜明地指出了在当代我们应该坚持什么，反对什么，倡导什么，抵制什么，要求人们立场坚定地分清善恶、美丑、是非的界限，明确什么是应该做的，什么是不该做的，回答了在社会主义社会什么是光荣什么是耻辱的重要问题。社会主义荣辱观是中华民族传统美德与时代精神的有机结合，体现了社会主义道德规范的本质要求和社会主义核心价值观的鲜明导向。它是引领社会风尚和社会主义道德建设的一面光辉旗帜，对人们践行社会主义核心价值观乃至于社会主义精神文明建设都具有重要的理论和现实意义。所以，在全社会开展社会主义荣辱观教育是当代中国社会主义道德建设和推进中国特色社会主义建设事业的需要。

开展社会主义荣辱观教育，必须双管齐下，既要重视"荣"也要重视"辱"。"黑格尔在《法哲学原理》中提到，道德意志通过善、恶两个必不可少的环节形成。因而，作为对善的愉悦体验的'荣感'以及对恶的痛苦体验的'耻感'成为道德意志形成的必不可少的环节。他进一步强调，道德意志是一个辩证的完整的概念，只有在对善和恶的扬弃即否定之否定的基础上才能形成道德良心，从而确立真正的道德信仰。"① 黑格尔很重视"恶"在道德意志形成中的重要性，认为缺少"恶"的环节，只是把眼光盯在"善"的方面，会导致理智的空虚规定，从而难以形成作为是非评判标准的"良心"。因此，以社会主义荣辱观为基本内容的道德意志也必须通过善（荣）、恶（辱）两个必不可少的环节形成，虽然受一定的社会风俗、习惯和传统的影响，不同民族地区的人们对荣辱的看法或多或少有所差异，但作为人生在世的最基本的伦理观念，任何类型的荣辱观都包含了对"荣"的追求和对"辱"的鄙弃。但是，当前我国的道德教育中，往往单方面强调正面教育而忽视负面教育，道德教育过程中负面教育缺失，导致道德教育与现实脱节，影响了道德教育的实际效果。在社会主义荣辱观教育的过程中，按照以往的经验，无论是社会教育、学校教育还是家庭教育，也往往更强调"荣"的方面，尤其是特别重视树立榜样模范的形象引导人们学习，而往往忽视"辱"的方面。事实上，二者在功能和层次上有所差异，"辱"在价值评价中比"荣"层次低，也就是说"辱"相对于"荣"而言更为基础，所以培养人具备耻

① 罗诗钿. 中国耻感文化对社会主义荣辱观内化为信仰的启示［J］. 甘肃理论学刊，2010（1）：12.

感相比培养人的荣誉感更为重要和紧迫，没有耻感就无法树立正确的荣辱观。人只有认识到自己的行为违反了其内心所认同的道德规范，并在此基础上产生了羞耻的负面心理体验，才会尽力逃避耻辱，并在远离"耻"的前提下向"荣"靠近甚至主动追求"荣"。反之，一个人一旦丧失了羞耻心，就会作奸犯科、无所不为，耻感意识的沦丧必然导致个人道德底线的全面崩溃，这样的情况下当然不可能做出光荣的事情。如果一群人在某一个问题上丧失了耻感，就会在某一领域形成不良的风气，而行为者置身于不良风气之中毫无察觉或不能自拔，就很难改变现状甚至会不断强化这种不良风气最终成为陋习，群体性的耻感消解会造成对社会风气的败坏，危害性是非常大的。对整个社会来说也是如此，如果一个社会不会对"恶"产生"耻"的感受，不厌恶和拒斥"耻"，也不能有效地对"耻"和"恶"进行处罚，就是一个无所谓善恶的堕落的社会，也必然没有"善"和"荣"的生存空间。因此，要树立社会主义荣辱观，首要的就是培育和激发人们的耻感。

耻感教育必须被放在当代荣辱观教育的根本位置上，我们无法要求社会上的所有人都做光荣的事情，但是必须保证每个人都有耻感，这样才能维护社会道德底线，才有可能树立正确的荣辱观。所以，一方面，耻感的培养是树立社会主义荣辱观的前提和基础。社会主义荣辱观内含着个体自我肯定评价活动与个体自我否定评价活动的统一，如"以热爱祖国为荣"与"以危害祖国为耻"一正一反既对立又统一，这两个方面缺一不可。"如果说荣是对善的肯定性把握，那么，耻以对善的把握为前提，则是对善的否定性把握；有耻感即表明对善的认同和追求。没有耻感就不能具体地把握善，因而也就不能具体地感受到为善的光荣和高尚；在无耻之徒那里的所谓'善'只是伪善而已。因此可以说，没有耻感也就不会有具体的荣感，因而也就不可能树立正确的荣辱观。"① 总之，知耻和知荣本就是一个问题的两面，无耻则无荣，耻感是以否定性的方式

---

① 朱贻庭. 树立荣辱观重在知耻、有耻——论羞耻感与荣辱观［J］. 探索与争鸣，2006（6）：3.

把握了善，这样才能形成完整的荣辱观念，进而形成系统的荣辱观。所以，要树立社会主义荣辱观，耻感的培养是基础，要使社会主义荣辱观深入人心，就必须要重视耻感教育。另一方面，耻感教育又是对社会主义荣辱观教育的一个有益补充。耻感强调的是对日常生活中最常见的违背基本道德规范和行为标准的行为的羞耻感，是能切实对普通百姓形成约束力的一种道德力量，体现了对社会的道德伦理底线的坚守。"社会主义荣辱观的实践中，我们既要培养高尚的道德理想，即'光荣'的幸福追求，更要宣扬最基本的现实自我约束，即'耻感'的意识构造，唯有如此，立足于人们道德底线的伦理大厦才不会因缺失坚固的地基而变得虚无缥缈，乃至轰然倒塌。"[①] 此外，我国传统耻感文化中虽然难免有落后于时代的糟粕成分，但其中蕴含的对善的终极追求以及对道德原则的坚守，是任何时代都需要的，在中国特色社会主义新时代也仍然具有不可或缺的社会价值。

三、社会主义道德风尚良性化的心理基础

社会风尚即社会的一种普遍行为方式，它既是人们现实活动的结果，也构成了人们现实活动的背景，并且直接影响着人们的现实活动。道德自从产生开始，就与社会习俗、风尚有着不可分割的关系。原始社会时期，人们的生产力水平非常低下，抵御危险的能力也非常不足，所以必须要聚集在一起，用群体的力量与残酷的大自然抗衡，从而保证人类自身的生存和繁衍。在漫长的群居生活中，人类必然会发展一些交往方式，包括分工协作、领导与被领导的关系、分配关系等，这种交往当然需要遵循一些规则，否则无法顺利进行。这些规则无论是什么性质，都对人们的行为具有约束力。这就形成了某些有道德意义的交往规则和道德意识，从而构成了一定的社会关系。所以，马克思主义认为，道德是社会关系的产物，只是由于需要，由于和他人交往的迫切需要才产生的。早

---

① 范水涛. 耻感意识：社会主义荣辱观的道德底线 [J]. 中国职工教育，2006（5）：11.

期人类由于生产力水平和认识水平的低下，还不能正确认识诸如死亡和自然灾害等现象，于是基于人类共有的畏惧、憎恶、迷信等心理以及求生的本能需求，在社会生活中逐渐形成原始禁忌、图腾崇拜、迷信巫术等风俗习惯，这些风俗习惯涉及生活起居、采集狩猎、生存繁衍等诸多方面，在早期群聚人类共同生活中起着调节、规导作用，而且大多是通过否定性的语言来表达，因此原始习俗又被称为原始禁忌。人类社会这种最早的民俗——禁忌，本是古代人敬畏自然力量或因为迷信观念而采取的消极防范措施，尽管它神秘莫测甚至狭隘愚昧，但是客观上成了调节人类共同生活的工具，因此这种禁忌或习俗中隐藏着道德的胚胎。之后，随着社会生产力的发展，社会开始分化，两次社会大分工的结果使人与人之间关系日趋复杂，交往日益频繁。与此同时，人们的社会组织形式也相应发生变化，由劳动分工导致的人们实践领域的扩大和实践活动的复杂化，产生了每个人的个人利益和与之相交往的人们的共同利益之间的矛盾，从而产生了从道德意识上约束人的行为、调节各种利益矛盾，以维系一定社会秩序的必要性。于是，在人们自身的社会生活中形成了一些简单的道德准则。道德发展史的研究表明，人类的道德胚胎萌发于原始禁忌，原始禁忌是原始习俗中的重要内容。随着人类生产实践的发展、生活经验的积累和人类思维水平与认识能力的提高，道德逐渐从风俗习惯中分化出来，成为一种相对独立的社会意识形态。这是一个道德意识逐渐自觉而清晰起来的过程。道德文化只有经过相当长的发展过程，才能逐渐成熟起来。在原始社会中，人们对自然的依赖程度很高，所以人们的意识还有很浓厚的混沌色彩。那时的道德意识表现为禁忌或者各种禁令，有着各种原始思维的特点，直接而感性。到了文明社会，人们的道德思维能力得到了很大发展，人们就能从理性的角度，判断和推究出对人们的生活而言的"好""对"，以及人们的心灵品质如何达到一种"优秀"状态。它们是一种普遍的道德规范体系，也是一种系统的道德教化的理论与实践。"一个社会的道德状况不仅在很大程度上通过这个社会的风尚表现于外，其演进方向亦在很大程度上依赖于社会风尚的状况。"① 在社会风尚中本身就包含了社会中占主导地位的价值偏好及这种价值偏好背后隐藏的善恶荣耻标准，并在一定程度上直接影响着社会成员荣辱体验的具体内容，对人们的行为也具有一定的规范和约束作用。

历史唯物主义告诉我们，任何社会形态都是经济、政治、思想文化的统一体，经济基础决定上层建筑，上层建筑又反过来作用于经济基础。社会主义社会是一个全面发展的社会，除了物质文明以外精神文明也要有高度的发展，才能建成中国特色社会主义社会。失去精神支撑的经济繁荣，一个时期可以，长期不行。因为精神追求的虚无，最终要反映到经济和社会生活中来。所以，物质不能解决一个时代的所有问题。事实也证明，一个社会如果没有良好的社会风尚，即使经济发展再迅猛也无法长久持续地发展下去。但是，由于风尚是普遍流行的行为方式，那么就难免出现金玉和败絮相互混杂的情况，甚至会出现某种不良的行为因为某些原因受到追捧成为流行继而形成风尚影响人们的行为习惯的情况，甚至出现趋之若鹜的极端表现。而且，在社会变动时期，各种不同的生活方式往往通过社会风尚首先展露出来，这些风尚都从一个个侧面反映着人们的荣耻体验和人们的行为选择。在日常生活中，社会风尚往往成为人们行为选择的直接依据。风尚之所以在日常生活中能够成为人们行为选择的直接依据主要有两个方面的基本缘由：其一，从客体的角度看，在于"风尚"的"普遍行为方式"这一特质。尽管这种"普遍性"在实质上只是形式上的，但是，这种"普遍性"形式自身却使其获得了所谓"合法性"。"风尚"与"习惯"的纠缠，使得"风尚"往往以"习惯"的面貌出现，进而又使这种"合法性"具有了"自然性"，似乎它理所当然地是正当的。其二，从主体的角度看，在于人总是生活在"风尚"之中。差别仅在于是生活在这种风尚中，还是那种风尚中而已。如果说人的成人过程，是一个"文其质"的过程，那么，这个"文其质"的过程中很重要的成分就是风尚的习染熏陶。尽管文明不等于风尚，但是文明

---

① 高兆明. 荣辱论［M］. 北京：人民出版社，2010：194.

却是要通过风尚呈现。也正是在这个意义上，移风易俗，风尚清明，对于一个社会来说，就变得极为重要。因为，它不仅标志着一个社会的文明状况，而且还直接构成社会成员精神世界赖以发育生长的现实生活世界。

值得警惕的是，社会风尚的流行性和短暂性决定了它具有很大的变异性，一个社会不会完全没有风尚，也不会有一成不变的风尚，社会正是在风尚的新旧冲突中不断进步。所以，问题的关键就是，一个社会具有什么样的风尚，以及社会风尚将如何演变。近年来，我国社会经济高速发展，与此同时各种文化之间的激荡也对人们的思想观念产生了影响，思想道德领域出现了一些令人担忧的问题，唯利是图、损人利己、坑蒙拐骗等不道德现象层出不穷，物欲横流、纸醉金迷、奢侈浪费正在较为普遍地影响着人们特别是年轻人。然而，最可怕的不是不道德现象的存在，而是人们思想道德领域普遍发生的是非、善恶标准的模糊甚至颠倒。这种道德标准颠倒的现象使人们对错误消极的事情不以为耻，反以为荣，腐朽堕落之事受到追捧，积极高尚反而被摒弃，歪风邪气不断滋生，社会道德败坏。要消除目前社会风气中这种腐朽的逆流，营造社会主义道德新风尚，就必须从源头下手，也就是要明确道德标准和界限，不能让道德标准模糊、混淆，更不能颠倒。因此，明确是非、善恶、美丑的标准，形成正确的荣辱观念，对于社会道德建设具有全局性的重要意义。

荣辱观的实质是世界观、价值观、人生观，一个人只有知道荣辱才能知道什么该做，什么不该做，而社会也只有在正确荣辱观的指导下才知道应该抵制什么，倡导什么，才能形成良好的社会道德风尚。一个社会的荣辱观可以说是从根本上决定了这个社会道德建设的价值取向，所以树立正确的荣辱观是形成社会主义道德风尚的重要基础。由于耻感是荣辱观中最重要、最基本的要素，耻感可以说是构建社会主义道德风尚的重中之重。正如康有为所说："风俗之美，在养民知耻。耻者，治教之大端。"① 一个人对道德的认可不仅在于从理性上形成了对道德本质、内

---

① 康有为. 孟子微（卷六）[M]. 北京：中华书局，1987：123.

容、实行方式的认识，更重要的是在真实的实践活动中，在情感和心理上形成对违反道德之事的羞耻、厌恶、拒斥和对符合道德之事的喜欢、欣赏和追求。羞耻感是道德主体实施道德行为的情感基础，一个人知耻，自然就知荣，就会在没有外部监督的情况下仍然自发地远离耻辱，通过羞耻感来引导自己的行为使其符合社会习俗的要求。而且，耻感除了约束人自己不去做可耻的事情之外，还可以通过社会舆论对他人产生约束作用，从而使得邪恶被压制，正义被张扬。在此基础上，社会道德才会向前发展，良好的社会风气才会形成。一个社会的道德水平由两个方面构成，一方面是社会成员个体的道德素质状况，另一方面是整个社会的道德风尚状况，这两个方面是不可分割、相辅相成的。每个社会成员的道德素质状况是构成社会风尚的基础，而一个社会整体的道德风尚状况又会反过来影响社会成员的道德水平。对于个人而言，没有耻感就不可能养成良好的道德素质。对于社会而言，如果没有对耻的厌恶、鄙夷和拒斥，也就无法形成良好的道德风尚。一个人失去耻感就会百无禁忌、为所欲为，一群人失去耻感就会在社会中形成不良风气，使社会中的每一个人都受到影响，甚至导致在社会范围内形成陋习并长久流传。所以，要治理国家和培养良风美俗必须从培养人们的耻感入手。要建设社会主义道德风尚，就应该树立社会主义荣辱观，而要树立社会主义荣辱观，重点就在于耻感的培养和建设。

第四章
当代公安院校大学生耻感的现状分析

　　改革开放以来我国社会主义建设取得了巨大成就，在市场经济迅猛发展的洪流中，我国几千年来经不断传承、扬弃积淀下来的优秀道德遗产也受到冲击而面临巨大挑战。耻感文化对国人的影响力降低，很多人在社会生活中表现出"去羞耻化"的现象。一些人耻感意识逐渐淡化以至消失，他们没有了羞耻的概念，做了错事、坏事不仅不感到羞耻难堪，更有甚者荣耻观念倒错，做了违反道德的事情却还沾沾自喜，而对于有道德、讲文明的事情，却不屑一顾甚至冷嘲热讽。明代哲学家王守仁曾说："天下之患，莫大于风俗之颓靡而不觉。"① 当今社会的许多人正是面对"风俗之颓靡而不觉"，不明白"风俗之颓靡"正是由于不知耻而导致，长此以往必将对整个中国造成大患。公安院校大学生并非生活在象牙塔中不食人间烟火的"天之骄子"，伴随当代中国社会道德滑坡而来的"去羞耻化现象"，也在公安院校大学生中有所蔓延，被寄托着国家和民族希望的公安院校大学生也可能受到不良社会风气的影响，因此有必要了解和分析公安院校大学生耻感的现状。

---

① 冯克诚. 明代心学教育思想与论著选读［M］. 北京：人民武警出版社，2010：205.

第一节　公安院校大学生耻感的现状描述

一、公安院校大学生大多具备良好耻感

国际竞争归根到底是人才的竞争，无论是当今还是未来，人才培养都是衡量国家实力的重要指标。我国在教育事业上投入了大量的人力、物力、财力推行素质教育，尤其是高等教育更是我国人才培养的重要基地，国家和人民都对大学生寄予了厚望，希望他们成为德才兼备的优秀人才。尤其是公安院校作为培养公安后备人才的主渠道，在推进公安队伍正规化职业化建设和公安工作现代化进程中肩负着重要的使命。公安院校大学生作为人民警察的预备力量，未来担负着维护社会稳定以及保护人民安危的使命职责，其政治觉悟、纪律作风和价值取向关系到政法工作的有序开展，关系到社会的长治久安和人民群众的切身利益。因此，公安院校大学生应该具备正确的是非观念和强烈的耻感意识，这样才能自觉遵守职业道德，规范言行举止。

随着公安院校生源质量的不断提升和学生思想政治教育工作的不断推进，公安院校大学生思想道德素质发展颇有成效。从总体上看，公安院校大学生耻感的整体局面向好，大多数公安院校大学生具备良好的耻感。

第一，公安院校大学生政治立场坚定，具有强烈的爱国意识和社会责任意识。近年来，公安院校坚持"政治建警、政治建校"的方针，大力开展忠诚文化教育、"不忘初心、牢记使命"主题教育和"三能"教育实践活动，取得了良好的效果。大部分公安院校大学生能冷静看待和理性分析政治问题、社会问题，旗帜鲜明地反对和抵制各种错误观点，尤其是当国家、民族或人民的利益受到侵犯时，表现出积极主动维护国家统一、民族团结和社会稳定的强烈愿望，在爱国情怀和社会责任感方面具有很强的耻感意识。

第二，大部分公安院校大学生具有鲜明的荣耻观念，行为不当时会表现出强烈的自我否定。大多数公安院校大学生具备正确的道德认知和良好的道德判断能力，对于荣誉或耻辱持有鲜明的态度，表现出"崇善"和"耻恶"的道德情感。由于公安院校大学生具有预备警官的身份，所以不仅学校和老师会对公安院校大学生有着严格的要求，公安院校大学生通常也会以较高的标准进行自我要求，对于自己行为的过失及由此产生的不良后果，大部分公安院校大学生会表现出"太丢人了""对不起身上的警服"等较为强烈的自我否定的情感。

第三，大部分公安院校的大学生耻感的应对方式较为积极，能够选择恰当的方式进行自我反省与改进。公安院校大学生大多数时间都在集体行动，私人空间和时间都比较有限，同学关系及师生关系都比普通院校更为紧密。因此，当公安院校大学生做出错误行为并产生耻感的时候，往往会采取比较积极主动的应对方式，将自己的情感直接或者间接地表达出来，正视自己的错误及由此产生的后果，积极地进行总结反思并与同学或老师进行交流和探讨，不仅有利于自己道德的发展，对其他同学的思想和行为也能起到一定的借鉴作用。

二、部分公安院校大学生存在耻感缺失

尽管公安院校大学生的道德现状总体上值得肯定，但是也不得不承认有少部分公安院校大学生道德意识不强，行为失范，表现出一些耻感缺失的现象。通过观察公安院校大学生的行为表现可以发现公安院校大学生耻感缺失的现象大致可以分为耻感淡化、耻感欠缺和荣耻倒错三种类型。

（一）耻感淡化

在当代公安院校大学生耻感存在的问题中相对普遍的一个现象是耻感淡化，绝大多数耻感缺失的公安院校大学生并非没有耻感，而是由于对羞耻现象的道德敏感度下降，导致虽然知耻却对无耻现象麻木甚至追

随。虽然公安院校大学生没有接受过系统性的耻感教育，但是对于从小到大接受过的思想政治教育中涉及的与耻感有关的内容，以及在成长成才过程中体验过的各种耻感情境，应该并不会觉得陌生。也就是说，无论是社会普遍认同的道德规范及荣耻观念，还是公安院校所特有的制度和规范，公安院校大学生都是比较熟悉和了解的。然而，虽然公安院校大学生对耻感的内容有所了解，也知道做出失耻行为可能会受到来自他人和群体的批判和谴责，国家和学校也对公安院校大学生的道德素质提出了相应的要求，但是因为社会负面思潮的影响和公安院校大学生群体内存在耻感缺失的范例，使得部分公安院校大学生在道德行为表现中出现"知行不合"的情况，虽然已经有了一定的耻感认知，却并没有转化为规范道德行为的动力，而是在道德情境中出现了道德麻木、耻感淡化的情况。

"看客"现象被鲁迅先生所深恶痛绝并曾对其口诛笔伐，但是其危害作用至今仍在蚕食着中国人的道德良心。这一现象在公安院校大学生耻感意识淡化也中有着明显的表现，有些公安院校大学生一开始自己并没有主动违反道德规范和规章制度，而是作为看客对道德情境漠不关心，对其他人的非正当行为熟视无睹、见义不为，时间久了他们对这些行为的接受度会越来越大，最终自己也与某些人同流合污，在道德选择上由选择"应该"慢慢向"不应该"偏移。比如未假外出现象，未假外出在很多公安院校中越来越表现出群体化和规模化趋势，原因就是一些人并非不知道未假外出是不对的事情，而是由于本身道德感不强或出于明哲保身的心理对他人未假外出的现象放任和无视，进而产生"别人可以未假外出而我不能，这样很不公平"或"别人都这样做，为什么我不可以做"等想法，从而也放松乃至放弃对自己的自律加入未假外出的队伍中去。除了上述的未假外出现象以外，其他还有很多本来应该是羞耻的事情，但随着公安院校大学生的随大流意识和自我放纵，而在很多学生的道德情感体验中降低了羞耻感，比如逃避跑操、集合迟到、上课睡觉、考试挂科等行为，对公安院校大学生来说并不陌生，都是亲眼看见甚至亲身体验的道德情境。在这些亲眼看见的道德情境中，很多公安院校大学生选择沉默,使得"见善不美,见恶不非"成了常态。同时,在自己亲身体验的道德情境中,公安院校大学生虽然明知有些行为不符合社会、学校的规范,却自觉或者不自觉地为自己的错误行为想理由、找借口,对错误行为可能导致的后果也完全不在意。总之,公安院校大学生群体如果一味纵容或是理解式地助长耻感缺失的现象,会进一步放纵少部分耻感淡化的学生甚至使其他学生也受到负面影响迈入耻感淡化的行列,从而导致群体道德氛围的恶化。

(二) 耻感欠缺

耻感欠缺是比耻感淡化更严重的耻感问题表现,虽然这种情况在公安院校大学生中占比极少,但是也不能忽略。

俗话说:"无规矩不成方圆。"规范和纪律对个体的道德素质养成和人格完善起着重要的作用,公安院校大学生要实现全面发展的目标就必须"守规矩",从大的方面来说要遵守国家法律法规和各项规章制度,从小的方面来说也要遵守校规校纪。遵守校规校纪、服从学校管理本就是所有大学生的基本义务,而严格的警务化管理制度是公安院校与一般院校最大的区别,也是新生入校之后遇到的第一个挑战。根据浙江警察学院新生问卷调查结果显示,在警务化管理方面,浙江警察学院 2017 级有 0.99% 的新生表示"对我校的警务管理不了解",有 12.41% 的新生表示"有所了解但没做好准备",有 86.6% 的新生表示"了解我校的警务管理并已做好准备",相比于 2016 年 74.42% 的比例,同比上升 12.18%。此外,有 38.09% 的新生担心"不能适应警务化管理",有 51.49% 的新生担心"高强度的体能训练与高标准考核"。

公安工作时常处于紧急对抗状态,其工作环境和工作方式都比较特殊。为了培养优秀的警务人才满足公安工作的需要,公安院校除了培养学生的专业素质以外还贯彻从严治警的方针实行警务化管理,通过封闭式管理、请销假制度、内务检查、警容风纪督查、"一日生活制度"等多种方式对学生进行严格的时空管理,培养学生的纪律观念和令行禁止、服从命令的作风。然而,随着社会的发展和公安教育的规范化,公安院校的学生生源与以往相比有了很大的变化，他们大多是独生子女，从年龄方面来说已经是成年人但心智并未成熟，正处于生理和心理状态都非常容易波动的时期，这一时期他们对于个性和自由的追求会比高中时期更加强烈。但是，公安院校大学生对于个性和自由的追求显然与警务化管理的制度要求是存在矛盾的，这就容易导致学生在严格的警务化管理中容易产生逆反心理，虽然行为上令行禁止但是其实内心对警务化管理模式充满排斥。而且，随着年龄的增长他们的主体意识还会不断提升，虽然主体意识的提升有利于公安院校大学生创新能力的培养，但是对警务化管理的实施却存在着一定程度上的阻碍，导致公安院校大学生年级越高越是不愿接受警务化管理的约束。

从现实情况来看，有些公安院校大学生对校规校纪和警务化管理持消极应付态度，在有制度约束、老师监管时严格遵守规章制度，但是在制度缺位、无人监管时就可能会"放飞自我"，对于自身的越轨行为缺乏羞耻心和反省意识，抱着只要不被抓住就可以的侥幸心理。更有甚者，个别学生主动申请担任学生督查工作的目的不纯，这些学生本身就是越轨者，当学生督查的目的就是想让自己不被监督，使自己成为校内管理的"真空地带"。

（三）荣耻倒错

公安院校大学生耻感缺失还有一种情况是荣耻倒错，即对"什么是荣"和"什么是耻"认识错误而使耻感无法正常对人的行为发挥约束作用。"荣"与"耻"是相互依存的道德情感，本质上是人们受到社会道德评价后产生的两种不同的情感体验。在社会道德发展的过程中，人们总是极力追求代表肯定性评价的"荣"，而竭力避免代表否定性评价的"耻"，可以说"荣"与"耻"代表了人们在社会道德生活中寻求自身地位的结果。如果公安院校大学生能够认真学习、刻苦训练、贯彻理想，将来对公安事业发展有贡献的话，就能感受到愉快、满足等积极情绪；反之，如果公安院校大学生消极度日、碌碌无为，甚至违反纪律失去入警机会的话，就会产生羞愧、耻辱、后悔等负面情绪，还可能被同伴和群体排斥。一直以来，公安院校大学生所遵守的荣耻标准都是以社会和公安院校现有的道德规范为依据的，然而随着社会道德状况的变化，公安院校大学生的荣耻标准也不知不觉发生了变化，出现了荣耻倒错现象。荣耻倒错现象又可以分为三个子类：以荣为耻、以耻为荣和以本没有羞耻意涵之事为耻。

"以荣为耻"是指颠倒荣耻标准，将本来应该是光荣的事情看成耻辱的事情。由于耻感缺失导致的耻感错位，使可耻的事情有了合理性；而某些被社会所倡导的行为，却反而被看作是羞耻、可笑的。比如，遵守校规校纪和服从警务化管理本来是一种美德，但是有些公安院校大学生却认为遵守学校规则制度、服从警务化管理是古板、胆小、没个性。

"以耻为荣"指的是荣耻观产生偏差将本来应该羞耻的事情看成是光荣的。在社会利己之风的熏陶下，某些公安院校大学生将投机取巧看成能体现自己能力的光荣行为。更为糟糕的是，在尝到"走捷径"的"甜头"之后，少数"不以为耻、反以为荣"的学生还会自鸣得意地向别人传授自己的"成功秘诀"，甚至认为那些没有走捷径的同学不够聪明、不懂"套路"。

"以本没有羞耻意涵之事为耻"是市场经济迅猛发展以来价值观、荣辱观异化的一个标志，这种现象在大学生中有几种常见的表现，如以贫穷为耻等。贫困，本身不过是形容一个人家庭状况的中性词语。然而在不知不觉中，"贫困"这个词却渐渐带上了贬义的色彩。有些家庭经济状况不好的公安院校大学生羞于提及自己的经济状况，甚至因为害怕其他同学看不起自己而不好意思申请助学金和助学贷款。贫穷并不可怕，可怕的是以贫穷为耻，从而背上沉重的思想包袱，在成长成才的道路上裹足不前。除了以自身客观的生活条件为耻以外，以"不能成为成功人士"为耻也是公安院校大学生中较为常见的一种扭曲的荣耻观。世界上所有事物的结果无非只有两种，要么成功要么不成功，每个人难免都会遇到努力了但是却没有成功的状况，但是有的人会把"不成功"当成一种动力，而有人会把"不成功"视为一种耻辱，从此就会失去信心，自卑自馁。这一点呈现在公安院校中就是某些公安院校大学生不在乎努力的过程而只在意最终的结果，做事不求"成仁"只求"成功"。这种错误的荣耻感对于公安院校大学生来说是非常有害的，一方面会使他们变得更加功利，为了获得他人眼中所谓的"成功"而不遗余力、行差踏错；另一方面会使他们变得更加软弱，因为害怕"不成功"而放弃努力、停滞不前。

第二节　公安院校大学生耻感缺失的后果与危害

一、对个体成长的阻滞

耻感是人类良知的来源之一，没有耻感的人不会察觉到理想自我和现实自我的差距从而体悟到自身存在的不完满性，不会对自身行为产生否定性的反思，也就无法实现个体的发展和完善。耻感作为一种能对人的思想和行为产生约束作用的道德情感是一种强大的道德自律的力量，时刻督促着个体遵守社会普遍要求的道德规范，它是使人们践履道德规范、养成道德人格以及促进个体自我完善的必然要求，耻感缺失必然对个体成长造成阻碍。公安院校大学生只有具备耻感才会在自身思想和言行违反他所认可的道德规范时自发地或者在外界的批评谴责下意识到自身素质的欠缺，从而在内心深处产生羞愧、内疚、悔恨等痛苦的心理体验，并以这种内心体验为心理动力激发修正自身言行的强烈道德情感并做出修正和弥补自身过错的"补偿"行为，使个体不断学习和成长。缺乏耻感的公安院校大学生则不会意识到自身素质的欠缺导致一错再错，或者即使意识到了也由于耻感的缺乏无法形成足够促使个体自我修正的负性心理体验和一定力度的道德情感，也就不会有对自身的行为进行修正和弥补的动力，大学生的道德素质就会停滞不前。总之，对个体而言，外界奖惩对道德行为的回报远不如内心情感激励有效，人们内心所具备的耻感会时时刻刻校正自身的思想和行为，人们正是在极力避免羞耻、内疚的痛苦心理体验和追求自豪、喜悦的积极心理体验的过程中不断完善自身的道德结构使自己成长为具备高尚道德人格的人的，因此，耻感的缺失会对个体的成长造成阻滞。

二、对大学生和人民警察整体形象的毁损

公安院校是培养人民警察的摇篮，这是公安院校引以为傲的重要定位。公安院校因其特殊的警务化管理模式，使得学校环境整洁、秩序井然，学生更是五官端正、身材匀称、警服加身，无论是外形还是气质都是普通高校学生难以企及的，但这只是外在形象，虽然外在形象也非常重要，但作为高等院校，尤其是公安院校，其学生形象的根本在于内在形象，如学生的学习风气、专业能力、道德素质等。总之，公安院校大学生是中国大学生中的特殊群体，他们有着大学生和预备警官的双重身份，因此公安院校大学生一旦发生形象危机也必然会损毁大学生的形象和人民警察的整体形象。

公安院校大学生的第一个身份标签是大学生，公安院校大学生的形象会影响大学生的形象。当今的大学生与 20 年前一样都是经由竞争激烈的高考从无数学子中脱颖而出的佼佼者，而且随着我国对教育事业投入的大幅度提升，大学生受教育的条件已与 20 年前不可同日而语，但是令人遗憾的是与 20 年前相比，昔日被称为"天之骄子"的大学生如今在公众眼中的形象却反而大幅度受损。一旦被寄予厚望的大学生做出了普通人都耻于去做的恶劣行为，这种落差巨大的矛盾现象往往能广泛地引起公众关注，形成巨大的社会反响，严重损毁当代大学生的形象。公安院校虽然由于培养对象的特殊性，在培养目标、专业设置、管理方法等多方面都与普通院校有很大差异，但是为了培养优秀的警务人才更要注意对学生进行充分的思想道德教育。客观来说，近年来公安院校在思想道德教育方面已经有所进步并取得了一定成绩，但是也必须承认在公安院校中思想道德教育仍然没有得到足够重视。很多公安院校大学生学习功利性比较强，对"无用"的通识课程完全不重视。同时，致力于培养"应用型警务人才"的公安院校非常重视专业教育，却可能忽视通识课程的

重要性。必须要注意到，过于狭窄的专业教育培养出来的人在知识、思维、情趣上都可能被"专业化"，成为缺乏伦理辨识度的"经济动物"。正如马克思恩格斯所指出："分工所具有的限制人的、使人片面化的影响，在他们的后继者那里我们是常常看到的。"① 实际上，每个大学的人才培养目标和方案可能有所不同，但最终目的都是培养担当民族复兴大任的时代新人，大学不仅要培养专业人才，更重要的是培育一个完整、健全的人。要把人塑造成完整、健全的人，就必须重视人文教育、素质教育。自从胡适当年说"德先生"（民主）和"赛先生"（科学）来到中国，近一个世纪以来，民主的命运极为坎坷，科学的命运却风光无限。在很多人的心目中，科学是无所不能的。知识就是力量，但片面的知识也可能生产出邪恶的力量，正如科学既可以改善生活也可以生产出大规模杀伤性武器一样。科学独大的局面，导致人文精神不断退守，甚至被挤到了一个小角落，这绝非大学之幸，社会之幸。实际上，无论是普通院校还是公安院校，除了术业有专攻，学生也还需要接受人之为人的基本教育，以克服过度专业化所带来的精神缺失。因此强调人文教育、素质教育，就是为了强调人与人之间，在专业的不同之外，还有共同的东西，这些共同的东西，就是文明史中的经典和人类精神中那些永恒的价值。总而言之，公安院校不仅是学习专业知识的地方，更应是培养人格、塑造精神、贯彻理想的地方，只有这样，公安院校大学生才能成为健全的、完整的人，才能最终成为优秀的警务人才。

公安院校大学生的第二个身份标签是预备警官，他们在校期间就身穿警服，一举一动都引人注目，他们除了在校学习生活之外，还有大量的时间会直接参与警务工作，如基层实习、大型活动安保执勤等，公安院校大学生在警务工作中的身份就相当于人民警察，他们的行为也会直接影响人民警察的整体形象。同时，随着现代信息技术的不断发展，互联网已经是人们生活中不可或缺的部分。互联网作为一种新媒体，与传统媒体相比，具有即时性、广泛性、互动性等特点，任何人都可以通过

① 马克思，恩格斯．马克思恩格斯全集（第37卷）[M]．北京：人民出版社，1971：486．

手机或其他通信工具将信息发布到互联网上去并迅速传播开来。因此，公安院校大学生要时时刻刻注意自己的一言一行，一方面，如果公安院校大学生随意在互联网上对某些重大热点问题、社会治安事件或涉警事件等发表不成熟的观点，可能会引起当事人和民众的不满甚至进一步激化事态，将会对学校的声誉、人民警察的形象和社会的稳定造成负面影响；另一方面，公安院校大学生的任何举动都有可能置于互联网这一"闪光灯"和"显微镜"下被审视和批判，任何一点瑕疵都可能引发涉警舆情危机和警察形象危机。毕业之后，公安院校大学生不仅要直接参与公安工作，而且工作中还将代表公安机关服务于社会大众，他们的一举一动在某种程度上代表了公安机关在社会大众心目中的形象。在公安院校大学生成长的过程中，无论国家、社会还是学校都投入了很多的资源，他们理应成为中国特色社会主义建设事业和公安事业中发光发热的"排头兵"。当代公安院校大学生的形象整体是积极、健康、向上的，但是公安院校大学生的思想和行为也存在一些不同程度的问题，耻感的缺失使公安院校大学生不能严格要求自己，不仅不能以预备警官的身份高度自我要求，甚至某些学生的言行突破了社会道德的底线，在一定程度上损毁了大学生和人民警察的整体形象。

三、对公安院校校园氛围与公安教育事业的不良影响

高校校园氛围是由高校管理者、教师和其他校园工作者与学生共同营造出来的，管理者和教师通过合理规划校园布局、制定有效的规章制度、开展校园文化活动等多种途径从硬件和软件双方面营造有利于学生成长的校园环境。学生作为校园生活的主体，时时刻刻受到校园环境的影响；同时他们的言行也会反过来影响校园氛围。公安院校大学生耻感缺失会对公安院校的校园氛围产生严重的负面影响。一方面，公安院校大学生的思想道德素质本身就是公安院校校园氛围的组成部分，如果公安院校大学生耻感缺失，必然会导致公安院校大学生思想道德水平低下，影响公安院校校园氛围的构建。另一方面，公安院校大学生耻感缺失必

然在公安院校大学生的行为上表现出来，比如说乱丢垃圾、抽烟喝酒等，这些行为会在实际上危害公安院校的校园氛围。而且，部分公安院校大学生耻感缺失会对其他与之共同学习和生活的学生产生负面的暗示作用，使公安院校耻感培养的良好校园氛围难以构建和维持。

公安院校大学生耻感缺失还会对公安教育事业产生不良影响。自1977 年恢复高考以来，高考就成为我国最重要的人才选拔考试，从高考中脱颖而出的学子无一不是在激烈的竞争中证明了自己能力的佼佼者。如今随着我国教育事业的迅速发展，高校不断扩招，大学生已经不再是20 年前那样如凤毛麟角，但基于人口基数的庞大，高考仍旧竞争激烈。而且，公安院校的招生比普通院校更加严格，除了高考成绩之外，公安院校的招生还必须要综合考虑考生心理健康、身体素质、政治审查等多方面因素，要对考生进行面试和体能测试等相关考核，符合标准之后才能进行下一步的环节。所以，经过高考大浪淘沙的公安院校大学生们肩负着家庭、学校和社会的多重期望，他们的一言一行都受到关注，反映着我国公安教育事业的水平和成效。然而，现实却是在被看作"中华民族的希望""公安事业的未来"的公安院校大学生群体中却出现了一些耻感缺失的现象，这些现象难免会让人们质疑我们的公安教育工作投入了这么多到底教育出了什么样的"人才"？商品经济高速发展的当代社会下，很多人已经不再以受教育程度来衡量人的价值而是只看重能赚多少钱和有多大的权势，如果经过层层选拔并接受严格警务化管理的公安院校大学生连道德素质都与人们的期望相去甚远的话必然影响人们对公安教育的信心和重视程度，从而影响公安教育事业的发展。

四、对社会风尚的负向辐射效应

公安院校大学生耻感缺失的现象不仅会影响身处校园中的公安院校大学生思想道德素质的发展，也会对社会风尚产生负面效应。一方面，校园是社会的一部分，会受到社会风尚的影响和渗透，而且这种影响不是单向的，而是双向交互式的。公安院校作为公安机关后备人才培养的重要基地，公安院校思想政治教育的发展和公安院校大学生道德素质现状都会受到全社会的关注和关心。在与社会相互交流和渗透的过程中，公安院校大学生思想道德素质的培养不仅会受到不良社会风气的阻碍，同时公安院校大学生耻感缺失的现状也会反过来对社会风尚产生负面影响。另一方面，公安院校大学生虽然暂时在校园中学习和生活，但终有一天他们会完成学业走进社会成为无数社会成员中的一分子，作为社会成员他们的行为也必然会对社会风尚产生影响。人受教育的过程实际上就是人的社会化的过程，无论是从幼年开始就对人产生潜移默化影响的家庭教育还是短则数年长则数十年的学校教育，其最终目的都是让人更好地实现社会化，具备在社会中生活、工作和交往的能力。公安院校大学生不会永远在校园中学习，当完成了学习任务之后，公安院校大学生会带着学习、训练的成果坚定地踏入社会，将自己的角色由预备警官转变为人民警察。公安院校大学生与其他人一样作为社会成员的一部分，他们的思想行为和道德素质必定会对其他社会成员和整个社会风尚产生影响，同时公安院校大学生作为未来的人民警察，将在社会中扮演不可或缺的重要角色。他们如果缺乏耻感、道德素质低下，会对其他人产生负面的示范效应，并对社会风气产生比一般人更大的负面影响。

第三节　公安院校大学生耻感缺失的主要根源

一、个体的心理根源

内因是根本，外因是条件，公安院校大学生耻感缺失的现象与大学生的个体心理根源有不可分割的关系。现在的公安院校大学生很多是"00后"，独生子女比例高且大多生活条件优越，受到父母过多的宠爱和关注，往往形成了较为独立、自我同时缺乏团体精神和奉献精神的个性特点。在学校教育方面，在长期应试教育的影响下，很多学生只关注学习成绩好坏长期忽略道德素质的培养，甚至对思想道德教育存在不屑或抗拒的心理，以致自身道德素质出现了一些问题，比如个人主义思想较为严重，重实际利益轻仁义道德，缺乏集体观念和奉献精神等。

一方面，公安院校大学生正处于自我意识发展的关键时期，往往有着强烈的自我意识，但由于自身心理发展的不成熟和复杂的社会环境的影响，公安院校大学生的自我意识发展中也存在着很多缺陷。公安院校大学生自我意识中常见的缺陷有独立意向、逆反心理、自我中心、从众心理等。公安院校大学生正处在青春期，非常重视"自我"观念，有强烈的表现欲望和独立意向，迫切希望一切按照自己的意志行事，喜欢按照自己的标准评判好坏，因此对他人的意见、父母的要求和教师的教育表现出严重的逆反心理，经常为了反对而反对。同时，公安院校大学生自我意识还存在着强烈的"自我中心""个人本位"倾向。当代公安院校大学生很多在家习惯了众星捧月，想问题、做事情往往以自己为出发点，很少考虑他人的感受。而且，在市场经济日益深化的时代背景之下，部分公安院校大学生受到个人本位主义和功利主义价值观念的影响，思想和价值观念发生了扭曲，更加注重个人利益。价值观念的扭曲也导致了道德认知和荣耻观念的异化，一些公安院校大学生万事以对自己有没有好处为衡量标准而对他人的评价不屑一顾，轻则荣辱不分、不以耻为耻，重则荣耻倒错甚至以耻为荣。与公安院校大学生的独立意向和自我中心相反的是公安院校大学生普遍存在着从众心理，这是公安院校大学生自我意识矛盾性的表现，说明公安院校大学生自我意识尚未成熟。从众心理是一种普遍的心理现象，人都或多或少存在从众心理，但过强的从众心理会使人缺乏主见甚至迷失自我。现在公安院校大学生中盲从、攀比之风盛行，很多公安院校大学生由于长期过集体生活缺乏独立思考能力或者害怕被群体孤立往往选择随大流，不论好的方面还是坏的方面都盲从他人和群体。公安院校大学生中广泛存在的从众心理使得他们很容易受到外界不道德现象和他人羞耻行为的影响，比如消费从众、违纪从众等。

另一方面，公安院校大学生由于生活比较封闭，社会阅历非常有限，内心所能依据的道德标准很少，道德评判能力不强，在认识、评价和思考社会问题时往往存在模糊、不合理、不准确的现象。他们对个人与社会、理想与现实、光明与现实之间的关系往往理解不够透彻和全面，对于社会上的道德失范现象和社会转型时期的新情况、新问题也不能理性地思辨和合理地评判，看待问题时经常会出现过于简单化、理想化的倾向。当社会的丑恶、堕落的一面展现在公安院校大学生面前时，他们很容易感到困惑和迷茫，可能将观察、了解到的部分社会消极现象误以为是社会的本质，从而导致他们价值观的扭曲，动摇了他们本就不够坚定的荣辱观念。由此可见，自身意识发展的不完善和道德评判能力的欠缺是公安院校大学生耻感缺失的个体心理根源。

二、养成目标失效与外部监督缺失

耻感教育归根到底是一种养成教育，只有通过长期、渐进的行为养成教育逐步培养个体良好的道德人格，才能引导个体弃恶扬善、远耻向荣，通过道德自律不断完善自己的道德人格，并最终达到正确荣辱观养成的目标。目前我国包括耻感教育在内的道德教育养成并没有达到应有的目标，这与道德教育目标的不够准确、道德教育过程的不够连续和道德教育方式的不够科学有关。道德教育应该从低层次道德要求向高层次道德要求，具体道德要求向抽象道德要求逐渐推进。在道德教育过程中，道德教育目标不应该一开始就定得过高，而是应该先着重把基础巩固好，才能使青少年建立稳固的道德价值体系，进而实现道德教育的培养目标。然而，现实中我国的道德教育却是从小学到大学都是同一目标和要求，无差别地要求培养"社会主义建设者""共产主义接班人"等统一、抽象的教育目标，没有根据年龄层次的不同，设计有针对性的教育目标。而且，在竞争激烈的社会环境和以选拔具备较高知识和技能人才为主要目标的教育考核制度的影响之下，我国的学生在成长的过程中，无论是学校还是家庭都急于给孩子灌输知识以便在竞争中夺取更有力的地位，而过程漫长且见效缓慢的道德教育则常常被忽视。这一现象在初高中阶段尤为明显，面对竞争激烈的中考和高考，"德""体""美""劳"都得给

"智"让路，被唯智主义倾向主宰的中学校园难以承担青少年道德教育的重任。当青少年踏入大学校园之后，本该进行的高层次的道德教育却因为学生基本道德素质的欠缺而难以取得有效成果。除了道德培养目标不准确、教育内容缺乏层次性、基础道德教育和高校道德教育不能有机衔接以外，道德教育方式的不科学也是青少年道德教育养成目标失效的一个重要原因。如今培育全面发展的人才的呼声虽然越来越受到重视，但在实际培养过程中却常常由于方式上的不科学而难以达到目标。目前，高等院校道德教育模式仍然跳脱不出死板、低效的灌输和道德说教模式，把理论教育作为道德教育的主要方法，把思想政治理论课课堂作为道德教育的主要阵地，尤其是公安院校对于道德教育的重视远不如专业技能教育和体能训练，不重视道德实践和行为养成，导致现实中道德教育的实效性较低，以及德育养成目标难以真正实现。耻感教育更是如此，长期得不到重视以及缺乏科学有效的教育方式使得耻感教育收效甚微。2006 年以后，我国的荣辱观教育明确以社会主义荣辱观作为主要的教育内容，但在实际教育过程中一方面缺乏层次性，对于小学生、中学生、大学生都是同一要求，没有加以区分；另一方面，教育方式上与总体的道德教育一样有重教授轻培养的弊病，存在死板地要求学生背诵理论知识的现象，似乎只要学生能够一条条背诵出"八荣八耻"的具体内容就等于完成了荣辱观教育的任务，在注意学生日常行为习惯的养成、监督他们将正确的荣辱观贯彻到行动中去的方面则比较薄弱，在这样的情况下学生往往难以实现知行合一。

三、社会环境的示范与助长效应

人是环境的产物，人们生活在社会环境中时时刻刻都会受到社会环境的影响。学校虽然对学生来说是一个相对安全、纯净的独立小环境，公安院校的大学生大部分时间在学校学习、训练和生活，但任何学校都不是完全封闭的，特别是在信息技术迅猛发展、交流往来便捷的当代社会，无论是生活在校园中的学生、教师还是校园环境本身都会受到社会环境的影响，公安院校大学生耻感缺失的现象与当下社会环境中不良风气的示范和助长效应是分不开的。

中国是一个拥有长达两千年封建社会历史的国家，有利于维护封建统治的儒家道德观念组成了中国传统道德观念的基本构架，其中蕴含的强烈的耻感观念意识曾对人们的行为产生过强大的约束力。但是，以强调"克己复礼"的儒家伦理规范为核心的中国传统道德归根到底是为了维护封建统治的，存在严重压抑人性的一面。改革开放以后，随着人们思想观念的解放和新的经济体制的建立，人民对于自由和平等的呼声前所未有地高涨起来，传统道德规范体系与社会发展趋势的矛盾越来越尖锐，人们对自由的渴望和对束缚人性的旧道德的不满在社会转轨之际强烈地喷发出来，在迅猛冲垮传统道德的同时，也留下了"矫枉过正"、把传统道德伦理的精髓部分一起抛弃的后遗症。总之，旧道德由于不适应社会发展的新要求被推翻了，新的道德规范体系又还没有完全建立起来，与此同时，市场经济固有的"利益中心"原则被曲解和泛化，西方资本主义社会的功利主义、拜金主义等思潮不断泛滥。在这种情况下，人们长期被压抑的原生欲望，一方面在过渡时期缺乏成体系的道德约束机制的规范，另一方面时时受到市场经济逐利本能的诱惑，最终产生了向着权势、金钱、享乐的心理倾斜。

市场经济逐利因素对国人耻感的消解是不可忽视的，市场经济的发展一方面解放了人们的思想，摆脱了物质的贫困，弘扬了个性自由，另一方面也使传统耻感文化在现代社会各种新思潮的冲击下逐渐褪色。当对于物质财富和金钱的追求超越了界限在所有社会生活领域被推到至高的地位甚至成为价值观的主导时，道德的意义必然会受到拷问。如果听任泛市场化浪潮在全社会席卷开来，金钱便成为衡量人和物价值高低的首要标准。人们便会抛弃起码的是非善恶标准，以获取私利为唯一目的，见利忘义、道德败坏之事便会时有发生。对金钱的狂热追求使人们歪曲了是非、荣辱观念，荣誉也好，耻辱也罢，在逐利之人眼中都成了过眼云烟，助人为乐被当作虚伪，无私奉献被看成傻瓜，中饱私囊是有本事，同流合污是识时务，自私自利被大言不惭地宣扬为"人不为己天诛地灭"

的本性，各种歪风邪气盛行，严重污染社会环境。这一切势必严重阻碍社会发展。公安院校大学生虽然生活在比较封闭的校园环境中，接受严格的警务化管理，但公安院校也不是与世隔绝的"象牙塔"，公安院校大学生同样会因为上述社会环境因素的不良影响，动摇荣耻观念，社会生活中出现的寡廉鲜耻的现象对公安院校大学生的思想和行为产生了负面示范效应，而社会对"去羞耻化现象"的漠视和纵容，又会助长公安院校大学生的不文明、不道德行为。

综上所述，公安院校大学生耻感欠缺、耻感淡化、荣耻倒错等现象的存在，对于学生本身个体成长有着不容忽视的阻滞作用，同时也损害了人民警察的整体形象，并对公安教育事业产生不良影响。从学生个体心理根源、学校培养教育以及社会环境等多维视角分析公安院校大学生耻感缺失的主要原因，有助于进一步对加强和完善公安院校大学生耻感培养提出建设性意见。

第五章

公安院校大学生耻感培养的心理基础与宏观思路

　　研究和解决大学生群体的耻感缺失问题是社会道德体系转型构建过程中的基础工程,符合国家对新时代青年担当民族复兴大任的期盼。由于现今社会中仍然存在大量的不明是非、不知荣辱、不辨善恶等现象,因此在公安院校中加强耻感教育对于公安院校大学生的道德教育、廉政教育和责任教育等都具有十分重要的作用和意义,有利于增强公安队伍的凝聚力和战斗力。大学时期是大学生道德价值观确立和形成的黄金时期,高校也是对大学生进行道德教育的主要场所,尤其是当代公安院校大学生中出现的耻感缺失问题,已经阻碍了公安院校大学生道德素质的培养和道德人格的完善,并且对公安院校大学生的形象、校园氛围和社会风尚都造成了一定的危害,因此公安院校大学生耻感的培养是非常有必要的。在分析公安院校大学生耻感的心理机制和基本思路的基础上,要充分发挥学校在公安院校大学生道德教育中的主渠道作用,采取有针对性的措施培养公安院校大学生的耻感。

第一节　公安院校大学生耻感培养的心理基础

一、正确的道德认知

　　"众所周知,苏格拉底提出了'德性即知识'的命题,并强调无人故意作恶,之所以作恶,是因为他无知。他认为,一个有真正德性知识的人就是有自制能力的人,根本不存在有了真正的知识依然为外在事物所掌控因而像奴隶般被牵着走的情形。"① 所以,一个人只要具备相应的知识,就能在其指导下做出合道德的行为,就能成为一个有德性的人。虽然美德不等于知识,但是不可否认的是美德不能没有知识。个体所拥有的知识尤其是道德知识的丰富程度,是其道德形成和发展的重要因素。道德认知就是指人们对社会道德现象、道德关系和道德规范的认识。"道德认知一经形成,就会成为个体确定其对客观事物的态度与行为准则的内在原因。"② 道德认知是一个不断发展变化的过程,同时也为人羞耻心的产生和发展提供了不可或缺的土壤。正如苏格拉底所说:"假定了知识就是美德,则无可怀疑地美德是由教育而来的。"③ 提高公安院校大学生的道德认知能力是公安院校耻感教育的重要前提。

首先,道德认知是一个发展变化的过程。在个体发展的早期阶段,儿童的最初道德认知建立是在成人告知的道德知识基础上的,儿童只有首先通过成人的告知获得关于规则、是非、善恶、美丑、荣辱等观念的一般、普遍的道德知识,才会在面对现实的、具体的道德现象和行为时有明确的方向,做出正确的判断而不是茫然失措。儿童通过成人的告知开始知道什么事情应该做,什么事情不应该做,做了该做的事情会受到表扬感到光荣,做了不该做的事或受到批评并感到尴尬、难为情,这种最初的耻感会促使儿童对是非、善恶、荣辱的标准形成初步认识,并按照成人的要求去进行行为实践。儿童只有积累了一定规模的具有普遍意义的道德知识才会开始形成和发展自己的道德认知和道德意识。个体发展到幼儿后期阶段时,会在一定的道德认知的基础上形成自我概念,发展自己的主观判断能力,自发进行道德判断和选择而不再仅仅听从其他成人的判断和要求去做事,自此,道德认知就内化为了个体自身的道德

---

① 鹿林. 博弈伦理学 [M]. 郑州:河南人民出版社,2018:375.
② 刘晶. 羞耻感教育模式探究 [D]. 上海:上海师范大学,2010:36.
③ 北京大学哲学系外国哲学史教研室. 古希腊罗马哲学 [M]. 北京:商务印书馆,1961:166.

意识。随着道德认知水平的发展，外界道德规范逐步内化为个体自身系统性的道德认识和观念，道德自律也开始发挥规范人们行为的作用。这一过程同时也是耻感由他律向自律转变的过程，自此个体才能凭借道德自律自觉规范自己的行为，不去做可耻的事情。由此可见，道德认知教育是道德教化的第一步，也是整个教育过程中关键性的一步。

其次，树立正确的道德认知是培养人的耻感的前提和基础。道德活动离不开道德认知，道德认知决定道德情感。所以，人要"有耻"必先"有知"，个体只有对道德规范有了清楚的认识，才能明确区分是非、善恶、荣辱的根本标准，才能知道自己是什么样的人，应该做什么，不能做什么。如果一个人连基本的是非、善恶都无法分辨，不可能指望他有合理的荣耻观念，从这个意义上说，无知者就是无耻者。可见，道德认知是培养个体耻感的前提和基础，只有首先使个体具有正确的道德认知才有可能培养起个体的耻感，才能耻所当耻、远耻尚荣。试想，若一个人从小被教育"偷窃是耻辱"，长大后社会环境也反复证明了这点，个体一般都会明白偷窃行为的可耻之处。反之，如果个体从小被教唆"偷窃没什么大不了"，长大后也没有因偷窃受到什么惩罚，一定很难形成对偷窃行为的强烈耻感。可见，在认知的层面了解并认同自己所处社会的主流价值观，是人们实施道德行为的逻辑前提。只有具备了正确的道德认知能力，才能形成正确的荣耻观念，才能按照社会道德规范和价值观念的要求来衡量自己的行为，使自己的行为与社会主流道德规范和价值观念保持一致。比如说，在阶级对立的社会，由于底层百姓认为富人"为富不仁"，他们的财富来得不光彩，所以"劫富济贫"非但不可耻，甚至可能被歌颂为"替天行道"或是"行侠仗义"的行为。俄国社会历史学家米罗诺夫就曾这样描述过俄国村社的道德状况："农民认为，蒙骗邻居或家长是不道德的，但为了农民的利益而蒙骗政府官员或地主，是应该受到奖励的有道德的行为。偷窃邻居的东西，破坏邻里之间划分份地的田界，未经允许而在村社的树林中砍柴等，均是不道德的；但在地主田园中采摘水果，在地主的树林中砍柴，或多耕了地主的土地则不是不道德的行为，不应受到指责。"① 但是在建立起法治秩序的现代社会中，由于人们普遍有了严格的法治意识，由于人们有了应当自觉遵守法律秩序的道德认知，即使是所谓的"劫富济贫""替天行道"也很难在道义上受到认可。此外，道德认知对道德情感的决定作用还体现在：在社会转型期，当旧的道德价值体系逐渐失去作用，而新的道德价值体系尚在构建过程中时，人们的道德认知可能会出现迷茫或混乱，道德情感也会受到影响甚至产生重大变化，出现荣耻不分、荣耻错乱甚至颠倒等现象。

不过，当我们说道德认知是道德耻感的前提，道德认知决定道德耻感时，这种认知并非书本上纯粹知识性的认知，而是对什么是善恶、如何实现好的生活、日常生活交往法则及其规则的认识与把握，这种认知本身就是道德行动的一部分。需要注意的是：其一，道德认知不是一般的书本知识的认知，而是对自身生活世界的认识与把握；其二，道德认知不能通过简单的书本知识的熟读和背诵传授，而是要在日常生活中不断学习与体悟；其三，道德认知过程的课堂，不是进行常规教学的学校课堂，而是日常生活中的社会大课堂，是日常生活习惯及其养成。因此，道德认知是生活之知、体验之知、精神情感之知。这种日常生活中的道德认知学习过程，就是行为习惯的形成过程，"道德"从"习惯"而来。根据黑格尔的看法，习惯是反复练习的精神塑造的结果，是人的第二自然。自然赋予我们接受德性的能力，而这种能力是通过习惯完善的。正如亚里士多德所说："按照德性生成的东西，无论是公正还是勇敢，都不能自身是个什么样子，而是行为者在行动中有个什么样子。第一，他必须有所知；第二，他必须有所选择，并因其自身而选择；第三，在行动中，他必须勉力地坚持到底。由人工制成的东西有它们的优点，它怎样生成，是个什么样子，就是什么样子。对德性来说，知的作用是非常微弱的，而其他条件却作用不小，而且比一切都重要。因为公正和节制都是由于行为多次重复才保持下来。这些事情，只有在'恰如公正和节制

---

① 米罗诺夫. 历史学家和社会学 [M]. 王清和，译. 北京：华夏出版社，1988：52.

的人所做'那样做时，才可以被称为公正的和节制的。行为者，并不是由于他做了这些事情而成为公正和节制的，而是由于他像公正和节制的人那样做这些事情。"① 良好的道德不是来自认知而是来自行动，道德教育不能只是停留在对道德规范和伦理原则的学习上，而是应当与现实生活中的道德实践结合起来。耻感培养也是如此，关于荣耻的道德认知是在具有道德情感的荣耻道德实践中形成的。

最后，道德认知需要内化为荣耻道德感。就表面而言，道德认知似乎属于认识论、知识论范畴。其实不然，道德认知虽然包含有认识论、知识论的成分，但本质上应当属于实践论范畴。如前所述，道德认知并非纯粹知识性的认知，而是对什么是真善美、如何实现好的生活、日常生活交往法则及其规则的认识与把握。所以，这种认知本身就包含着对真善美的追求，就是道德生活和行为的一部分，必须内化为人的内在道德情感，成为人们日常生活的精神习惯。在康德看来，道德不是理论理性，而是实践理性，这种实践理性品格决定了道德的核心不是认识、知道，而是行动、实践。如果道德认知不能内化为个体内心的情感意志，那么，道德认知就只是关于道德现象的一种知识性空洞了解，而不能成为人们的现实行为。总之，道德认知必须通过道德情感才能成为人们生活实践的价值精神。正确的行为首先源于正确的认知，认知的使命就是明辨是非善恶，从而使人们能够理性或智慧地生活。康德说："天真无邪当然是荣耀的，不过也很不幸，因为它难以保持自己，并易于被引诱而走上邪路。正因为如此，智慧——它本意是行动更多于知识——也需要科学，不是因为它能教导什么，而是为了使自己的规范更易为人们接受和保持得更长久。"② 只有辨明了真知，不仅知其然，而且知其所以然，才有可能真正理性地实践。可以说，先有知后有行。然而，即使有知，也未必有行，要由知到行，还必须使道德认知内化为人们内在的道德情感，才能知耻而后勇、行己有耻。正如斯宾诺莎所说："就善恶的真知识作为仅

① 亚里士多德. 亚里士多德全集 ［M］. 苗力田，译. 北京：中国人民大学出版社，1992：32－33.

② 康德. 道德形而上学原理 ［M］. 苗力田，译. 上海：上海人民出版社，1986：55.

仅的真知识而言，绝不能克制情感，唯有就善恶的真知识被认作一种情感而言，才能克制情感。"① 总之，道德认知的最终目的不在于知而在于行，是要先知后行，这就是朱熹所说的"论先后，知为先；论轻重，行为重"②的价值所在，也是古今中外思想家不断强调"知行合一"的主要目的。

综上所述，"从道德过程论视角看，道德知识只有经过道德情感、道德意志，最终落实于道德行动，才能形成相对稳固的道德品质。稳固的道德品质反过来又会促进道德知识的把握、道德情感的升华、道德意志的加强"③。作为一种道德情感，耻感的培养与人的道德认知有着密切的关系。只有具有正确的道德认知才能建立起正确的耻感，道德认知错误则会导致耻感的缺失，树立正确的道德认知是培养公安院校大学生耻感的重要前提。同时，耻感产生之后还会推动道德认知的发展，当已有的道德认知无法满足外部的道德要求时就会产生羞耻心，促使个体接受新的道德观念，对自己的认知结构进行调整，从而促进个体道德认知水平的发展。所以，在进行耻感教育的过程中，首先就要使公安院校大学生具备基本的道德知识和正确的道德认知，让公安院校大学生知道哪些行为是道德规范所倡导的，哪些行为是道德规范所唾弃的，认识什么是耻、以何为耻的基本内容，明确耻与不耻的评价标准和行为规范，逐步提高他们自己辨别是非、善恶、荣辱的能力，使公安院校大学生对那些违反道德的行为做出明确的"耻"的价值判断并进而在此基础上产生耻感意识，自觉调整自己的行为。

二、道德反省能力与习惯

"人谁无过？过而能改，善莫大焉。"④ 人在生活实践过程中不可能完全不发生错误，发生错误不要紧，能改过就是善，而要改过首先就得

① 斯宾诺莎. 伦理学［M］. 贺麟，译. 北京：商务印书馆，1983：180.
② 李敖主编. 朱子语类 太平经 抱朴子［M］. 天津：天津古籍出版社，2016：63.
③ 刘致丞. 耻的道德意蕴［D］. 上海：复旦大学，2012：148.
④ 左丘明. 左传（上）［M］. 上海：上海古籍出版社，2016：331.

"知错"，也就是说要有道德反省的能力。"所谓道德反省，指的是道德主体对自身道德过失的追悔和觉醒。"① 道德反省的目的在于调整个体的行为，使个体不断自我超越。一个人之所以能够不断进步，就在于他能够不断自我反省，然后不断改变自我，尽可能地追求完满。道德反省不仅是个人实现全面发展的必要条件，也是维持社会道德规范使其顺利发挥效力所必不可少的。道德反省能力是个体道德观念内化和道德素质提高的一个重要前提，若无道德反省能力个体就无法顺利进行自我批判和反省，也就没有动力去改进自己的道德意识和行为。可见，培养个体的道德反省能力使个体主动进行自我反省是道德教育的一个重要内容。

人若无耻，百事可为。羞耻感是使人遵守道德规范，不做不可为之事的必要条件，而道德反省正是羞耻感生成的内在动力。羞耻感产生于个体内心一定的是非观、荣辱观，或者也可以说是"良心"对主体不道德行为的反省和批判，羞耻感正是个体经过自我批评和反省后在内心深处形成的羞愧、内疚、悔恨等指向自我的否定性的心理体验。羞耻感的产生一般有两方面的原因：一种是主体自我知觉到了自己行为的不当或者感到现实与理想之间的差距而产生了羞耻感；另一种是因为他人或社会舆论的否定性评价而产生羞耻感。两种方式看起来有完全不同的产生和作用路径，前者通过主体的主动"内省"而产生，后者则通过外在舆论所施加的否定性评价产生，但羞耻感的产生归根结底还是必须要经过主体的内心自省和把现实与目标进行比照知晓差距的心理过程。如果主体对社会"外在"的负面评价和道德谴责完全不在乎、置若罔闻，不进行自我反省和批判，即使外界施加的舆论压力再多也不可能真正在内心深处产生羞耻感。现实社会生活中这样的人并不少见，有些人什么道德规则都了解，讲起大道理来滔滔不绝，而轮到自己做事的时候却恬不知耻、毫无下限。他们并不是不知道自己的行为背离了社会道德规范，而是缺乏羞耻心，根本原因就在于，他们缺乏自我反省的意愿和勇气，体现在外在行为上就呈现出羞耻感缺失、道德水平低下的状态。

---

① 曾钊新，李建华等．道德心理学［M］．武汉：中南大学出版社，2002：310．

值得注意的是，主体的道德反省和羞耻感之间实际上存在的是一种辩证关系。道德反省是促进羞耻感产生的内在动力，羞耻感的产生必然是个体内在的道德良心自我拷问、自我反省的结果。羞耻感所导致的负性心理体验和强烈的自我意识冲动又反过来迫使个体进行自我批评和反省，改正自己的缺点，由现实自我向理想自我努力奋进。总之，道德反省和羞耻感二者相互促进，又互为结果，共同促进个体的道德发展。现实社会生活中批评一个人"无耻"可以算得上是最严重的道德谴责，个体即使做出了违反道德的事情，但只要还有自我反省的意识和能力，还能感受到羞耻，就还有接受教育提高道德水平的希望。反之，如果个体丧失了自我反省能力感受不到羞耻的话，就等同于彻底失去了希望。道德反省能力实际上是一种学习能力，通过不断的自我反省个体才能明白自己的过错，在知错的基础上改正自己的错误并避免以后的错误。综上所述，道德反省能力是个体羞耻感产生的内在动力，也是个体道德水平提升的基础，要培养公安院校大学生的耻感必须要加强公安院校大学生的道德反省能力。

三、对他人意见的接纳态度

耻感既是自律的也是他律的，虽然耻感的产生归根结底是通过人内心深处对道德准则的认可和自觉遵守实现的，但耻感也在很大程度上受到他律作用的影响。耻感较为欠缺的人在受到他人的批评和谴责时会加深对自身欠缺的认识从而促进耻感的产生，而本身耻感强烈能自觉进行道德自律的人在受到他人批评时自身羞愧、内疚和悔恨等心理体验会更加强烈，更急于摆脱这种痛苦的心理体验。可见，个体的耻感能否顺利产生并对个体的道德行为产生影响，不仅与个体自身的道德素质水平有关，同时也在一定程度上受到社会和他人的道德评价的影响。外界的评价和意见能否在实际上对人的思想和行为选择产生影响，又和个体对他人意见的接纳态度有关，如果一个人对他人的意见表现出欣然接纳的态度，对于个体自身来说有助于个体接受他人的正确意见，认识到自己行为的不当之处并产生羞耻感或者加深个体的羞耻程度从而产生弥补错误的冲动，对于他人来说则会鼓励他人继续提出意见从而使个体能更多的受到来自他人和社会的监督。反之，如果个体对他人的意见和建议更多的表现出无动于衷甚至排斥、厌烦的态度，不仅不利于个体觉察到自己行为的不当之处并参考他人的意见修正自己的行为，还会阻断他人与个体进行交流的路径。从思想政治教育和耻感教育的角度来说，由于思想政治教育和耻感教育都是外部教育，要实现教育效果必须要解决受教育者是否有接受教育的意愿的问题。受教育者对于他人的意见和对教育者的教育是否愿意接受及接受的态度如何，直接关系到教育是否及在多大程度上能得到受教育者的认同并将教育内容转化到自身的思想道德素质中去。如果受教育者非常抗拒教育者的教育，单方面阻断与教育者的沟通渠道的话，那么再好的教育内容和方式也毫无用武之地。

总之，个体对他人意见的接纳态度对于个体与他人的交流沟通以及其他的社会交往活动等一系列的社会活动都有非常重要的意义。良好的接纳态度可以帮助个体知道自己的行为在他人眼中是什么样的，有助于个体加深对自己、他人和社会的认识，具体到道德教育以及耻感教育范畴，则对于教育活动能否顺利开展并取得较好的教育效果有很大的影响。因此，受教育者的接纳态度也是公安院校大学生耻感培养过程中必须要考虑到并加以合理利用的心理机制之一。

四、对日常生活的道德敏感性

道德敏感性的概念是由新科尔伯格学派提出的。1983 年，以科尔伯格的学生雷斯特为代表的明尼苏达大学研究团队从"道德行为如何产生"这一命题出发，在突破科尔伯格理论局限性的基础上，提出了道德行为的"四成分模型"，即认为道德行为的产生至少由道德敏感性、道德判断、道德动机和道德品质四个心理成分组成。这一模型有助于解决在传统的道德心理学理论中只有单个因素的道德心理学理论不能全面解释复杂的道德功能的困境。此后，道德敏感性这一概念成为道德心理学的一个新的研究领域。

道德敏感性在此模型中承担着理解和领悟情境的作用，是对道德情境的内容和个体的行为将会如何对他人产生影响的觉察，"还包括对各种行为如何影响有关当事人的观点采择和移情，想象事件的因果链，或者还会虑及一些能适用于该情境的特定的道德规范或原则"①。由于解决问题必须要以发现问题为前提，道德敏感性从逻辑上来看可以说是道德行为的起点，对于道德决策起着关键性的作用。个体的道德行为是以对道德情境的认知为前提的，人们只有注意到了某个道德情境中的人或事，才会对面临的道德事件进行解释和回应。个体的道德敏感性直接关系到道德情境是否能够引起个体的注意，道德敏感性低的人比较难以对道德情境产生关注，而道德敏感性高的人则比较容易注意到道德情境，并捕捉到其中的道德信息和他人的情绪反应。道德敏感性和领悟力是检测人的德性的重要标尺，也是人们追求道德价值和实施道德行为的动力。缺乏道德敏感性的人空有丰富的道德知识却无法在具体的社会情境中觉察到道德现象和问题的存在，没有办法领会真实生活各种事件中蕴含着的丰富道德意义，就无从对本来具有深刻道德意义的事件进行思考并做出反应，自然无法做出本该做出的道德行为，这种毫无反应的冷漠状态实际上等同于"不道德"。举例来说，当人们在现实社会生活情境中遇到需要进行道德行为选择的突发事件，如坐在塞满乘客的公交车上看到行动不方便的老人或者孕妇，或者在逛街时发现有人在偷钱包，又或者看见有人倒在大街上急需救助，能否在瞬间敏感地觉察到具有道德意味的事件并做出相应的道德行为就体现了一个人是否具备基本的道德素质。反之，如果对这些事件熟视无睹，对需要帮助的人毫无反应的话，即使个体自己没有做错事也是一种不道德行为。可以说，一个缺乏道德敏感性的人就是一个麻木不仁的人，这样的人移情能力和对他人的情绪和需要的感受度很低，对他们进行耻感和其他道德教育会很艰难。道德敏感性不是与生俱来的，而且道德敏感性的发展也不是一帆风顺的，社会环

---

① 郑信军，岑国桢.道德敏感性的研究现状与展望［J］.心理科学进展，2007，15（1）：108.

境的不良示范也有可能导致个体道德敏感性的倒退，使个体在道德思想和行为上表现出对人对事"冷漠无情""没有良心"等道德冷漠状态。研究证明，个体的道德敏感性与道德行为之间具有正相关的关系，个体的道德敏感性越高，他做出道德行为的可能性也就越高。所以，要使个体打破道德冷漠状态，在社会道德情境中做出更多的道德行为，必须要通过正确的教育和引导提高个体的道德敏感性。所以，加强公安院校大学生对日常生活的道德敏感性是对公安院校大学生进行道德教育和耻感教育必须要完成的一件事。

第二节　公安院校大学生耻感培养的宏观思路

一、正确价值导向与行为取向的倡导

价值观是个体评价事物的根本标准，对于人的行为有重要的导向作用，培养正确的价值观和行为取向是任何道德教育必须要坚守的阵地，因为如果最基本的评判标准都扭曲了的话，再完善的培养机制也是没有用武之地的。所以，要培养公安院校大学生的耻感必须要倡导公安院校大学生树立正确的价值导向与行为取向，只有这样才能让公安院校大学生具有正确的荣耻观，不至于出现荣耻混淆甚至颠倒的怪状，从而使公安院校大学生建立起符合社会和个人发展要求的耻感。

我国宋代思想家陆九渊曾说："人惟知所贵，然后知所耻，不知吾之所当贵，而谓之有耻焉者，吾恐其所谓耻者非所当耻矣。"① 意思是说人只有知道在人生中什么是珍贵的，才能知道什么是真正的耻，而那些不知道或不理解我所珍重的东西甚至反而视之为耻的人，我恐怕他们所耻之事实际上并不是真正所应当耻的。可见，人在现实生活中究竟应该以什么为耻，是耻感培养时首先应该考虑的一个问题，如果对这个问题不

① 陆九渊. 陆九渊集 [M]. 北京：中华书局，1980：375.

了解或认识错误，就做不到"耻所当耻"，自然也无法对人的行为产生积极的作用。对公安院校大学生进行耻感教育并不是要使他们不分青红皂白地做什么事都轻易感受到羞耻，这样只会阻碍正常的社会活动，耻感教育是要培养正当、合理的，有利于个体行为规范和自我完善的正确耻感。当今社会耻感文化已经有所转变，主要是从"耻恶"转变为了"耻输""耻失"。在陆九渊那里，他所说的"吾之所当贵"的东西应该可以笼统地称之为"善"，人应该知道"善"的珍贵，反之也应该以"恶"为耻。然而，在当今社会环境中不良风气影响之下，人们的价值观念发生了巨大的变化，对"善"的信仰式微，倾向于用是否成功、有没有得到利益等功利性因素来衡量人的价值，耻感文化也随之发生了扭曲，由本来以道德低下、没有良心为耻变为以没有权势和财富为耻。价值观是个体评价事物的标准，支配着人们的思想、信念和行为。人们的价值观会对个体和群体行为产生重要的影响，即使是同一客观条件下面对同一事物，不同价值观的人也会有不同的行为从而导致截然不同的后果。社会价值观念和评价标准的模糊和扭曲也导致了人们荣耻观念的异变，使公安院校大学生的行为取向受到了一定程度的影响，并直接影响了公安院校大学生的道德行为选择。所以，要培养公安院校大学生的耻感，帮助耻感欠缺的公安院校大学生重新建立道德底线并自觉遵守社会规范，首要的就是培养他们树立正确的价值观，使他们在日常生活中对是非、善恶有正确的认知，并引导他们真正以"恶"为耻，为此必须在公安院校进行正确价值导向和行为取向的倡导。

大学生正处在人生观、价值观形成和稳定的重要阶段，而在当代社会发展的多元化背景之下，公安院校大学生的价值取向也表现出多元化、复杂化的现状，而价值取向的自我化、功利化、实用化严重影响了公安院校大学生的思想和行为，扭曲了正常的荣辱观念。因此，在新的历史条件下对公安院校大学生进行正确价值导向和行为取向的教育是很有必要的，帮助公安院校大学生形成正确的价值观对他们的个体成长和未来发展都有重要的意义。对公安院校大学生进行正确价值导向和行为取向的倡导，根本上就是要加强公安院校大学生的是非观，不仅要使公安院校大学生分清是非，还要使公安院校大学生加强对"是"的赞同、追求和对"非"的回避、厌恶，也要对公安院校大学生进行惩恶扬善的价值引导。比如说，所有公安院校大学生都知道考试作弊是不对的，但单纯的道德认识还不足以使个体形成不能做某事的道德意识，必须要有道德态度的参与才能使个体做出要不要做某事的决定。有些公安院校大学生即使知道作弊是"非"，但如果没有对此产生应有的厌恶、鄙视、不耻等道德情感，还是会去做这样的事。表现在现实中就是虽然公安院校大学生考试作弊会有严重的后果，教师在考试前也会反复强调作为公安院校大学生一旦考试作弊就会面临退学，但还是有学生抱着侥幸心理觉得只要不被老师发现就行了，不惜以身试法，但结果都是令人追悔莫及。因此，要制止公安院校大学生的这种不当行为，不仅要让他们知道是非，还要培养和强化他们相应的道德情感，对于作弊等不讲诚信的行为应该有强烈的羞耻和厌恶情绪。因此，很多学校都会对考试作弊者进行通报批评，既是激发作弊者的羞愧情绪也是对其他学生的警示。"惩恶"就是以否定性方式表达的"扬善"，正是通过这种惩罚才能使学生从经验上感受到善的价值精神的权威性和不可挑战性，进而激发学生道德责任感和内在向善力。

二、基础文明行为监督、评价的制度化

1856 年，英国领馆翻译密迪乐在其《中国人及其叛乱》一书中曾说："中国现在最需要的并不是现代科技，而是基础文明。所谓基础文明，包括契约精神、权利意识，以及对民主政治、个人自由的认知。"[①] 而今，100 多年过去了，落后腐朽的清政府早已消亡在历史长河中，我国从半殖民地半封建社会直接跃入了社会主义社会并取得了举世瞩目的成就，但是我们却无奈地发现密迪乐 100 多年前写下的这句话在今天也似乎仍有警醒意义。虽然他所说的基础文明的含义与现在不尽相同，但蕴含其中的社会道德因素在现代中国依然呈现出缺失的状态。我们不得不承认在很

① 乐朋著. 笨叟村语［M］. 福州：海峡文艺出版社，2014：299.

多方面我们还达不到真正的社会主义社会的要求，其中就包括基础文明的缺失。顾名思义，基础文明就是精神文明最基础、最一般的内容，"是人所应具备的最基本的道德品质和行为规范，它包括言谈举止、心理素质、文化涵养和社会发展到较高层次所应表现出来的较高文明状态"①。然而，如老人倒地无人敢扶事件中可以看出，道德良知沦丧的现象和极端非道德行为已经严重挑战了人类伦理的底线，某些在过去注定是极大耻辱的事情却戴着"前卫"或"后现代"的面具大摇大摆地出现，它们嘲讽着人性的基本价值标准，不断冲击着人类文明的最后禁忌。以上种种现象无不说明了"当代中国社会最严重的道德危机不是道德理想的失落，不是功利主义和世俗文化的泛滥，而是中国文化中底线伦理的普遍崩溃"②。在这种社会背景之下，如果广大理论工作者仍然对眼前急需保卫底线伦理道德的任务不屑一顾继续高谈远大的道德理想的话，长远来看必将对我国社会主义道德建设事业造成不良影响。耻感是人之为人的标志，也是社会文明的标尺，因此要培养公安院校大学生的耻感，必须加强公安院校大学生的基础文明建设。需要注意的是，开展公安院校大学生基础文明建设除了依靠教育，还要依靠一定的制度保障。黑格尔在谈到伦理教育时，曾对卢梭将"人从日常一般生活中抽象出"的教育方式提出尖锐批评，他认为这种教育方式已经失败，他还借用古希腊哲人之口表达了自己的看法：生活在一个有良好法律的国家中，是一个人接受伦理教育、塑造道德品质的最好办法。尽管黑格尔谈论的是法律制度与道德品质塑造的关系，但是我们可以在更普遍的意义上理解这一问题。从黑格尔的思想中我们可以看出，一个社会塑造其成员道德品质的最好办法就是给他们提供良好的制度，使社会成员通过良好制度的潜移默化获得恰当的道德品质。何怀宏在翻译罗尔斯《正义论》时写下的译者前言中指出："离开制度来谈个人道德的修养和完善，甚至对个人提出各种严格的道德要求，那只是充当一个牧师的角色，即使本人真诚相信和努

① 仲伟德. 大学生基础文明教育论略 [J]. 徐州大学学报，2010：1.
② 陈新汉，冯溪屏. 现代化与价值冲突 [M]. 上海：上海人民出版社，2003：225.

力尊奉这些要求，也可能只是一个好牧师而已。"① 只有在一个基本正义的社会制度之中，社会成员才拥有基本的人格尊严，才有可能形成包括耻感在内的合理的道德情感体验。所以，在加强公安院校大学生思想教育的同时必须要制定和落实一些有效的制度来切实规范公安院校大学生的基础文明行为，通过公安院校大学生基础文明行为监督、评价的制度化来保证公安院校大学生耻感教育落到实处。

第一，加强制度建设，落实学校的制度规约。俗话说，无规矩不成方圆。为了使公安院校的各项教育有章可循，便于贯彻、落实，公安院校必须加强制度建设，制定一系列系统、可行的制度规约来切实规范公安院校大学生在校园、教室、寝室、图书馆、食堂等公共场所的基础文明行为，通过制度来保障公安院校大学生基础文明教育的成果。在社会生活中人人都应该遵守社会公德规范，对于公安院校大学生来说，遵守公安院校的各项制度规约也是公安院校大学生的基本道德规范，是公安院校大学生基础文明建设的必然要求。公安院校可以通过颁布规则制度和文明公约，让公安院校学生明确了解应该遵守什么样的文明规范和在各个场所具体应该怎么做，通过制度的规范和制约作用使公安院校大学生养成良好的行为习惯。需要注意的是，公安院校在制定规章制度时一定要保证制度本身是公平、正义的。正如邓小平所说："制度好可以使坏人无法任意横行，制度不好可以使好人无法充分做好事，甚至会走向反面。"② 一个不合理、不公正的制度只会导致生活在其中的个体价值混乱和失序，只有好的制度才能使生活在其中的成员通过制度规范的潜移默化获得良好的道德品质和情感体验，才能通过合理的奖惩手段实现惩恶扬善的目的，从而最终形成有利于成员成长发展的伦理环境。尤其是对于公安院校大学生来说，他们比普通大学生更频繁地受到规章制度的约束，也比普通大学生更热烈地向往公平和正义，所以要培养公安院校大学生的耻感必不可少的前提条件就是给他们提供一个好的制度。除了加

---

① 约翰·罗尔斯. 正义论 [M]. 何怀宏等译. 北京：中国社会科学出版社，2001.

② 中共中央文献编辑委员会. 邓小平文选（第二卷）[M]. 北京：人民出版社，1994：333.

强制度建设，制定一整套好的制度让公安院校大学生充分了解基础文明行为的具体内容，还要完善监督、评价系统，将公安院校学生基础文明状况的检查、评比结果纳入公安院校大学生评奖评优体系，确保公安院校大学生基础文明教育的长期化、科学化。如此，使公安院校大学生在校园中时时刻刻生活在规范的制约下，在这些长期的日常行为实践中耻感观念就会在学生的心中生根发芽，由外在的规范、要求变为学生内心的准则。

第二，充分发挥教师的监督作用。教师不仅能直接观察和接触到学生的各种日常行为，而且也是直接对学生进行教育的第一线教育者。因此，充分发挥教师的监督作用对于贯彻和落实基础文明行为监督、评价的制度化具有重要的意义。一方面，教师应该加强自身的职业修养，以自身的美德和良好言行为学生做出积极的示范。另一方面，教师要充分发挥监督作用，充分了解公安院校大学生的基础文明素质状况，深入学生的学习和生活中加强对公安院校大学生的日常基础文明行为的监督，对于违反社会公德规范和学校各项制度规范的违纪学生及时进行批评和教育。教师应该加强对学生的监督和管理，比如说日常教学中监督和制止学生破坏课堂纪律的行为，考试期间做好监考、巡考工作，检查学生违纪作弊情况；可以不定期到食堂与学生共同进餐，观察学生文明就餐的情况；深入学生宿舍，检查学生的宿舍卫生文明状况。

第三，加强大学生日常生活中的自我监督和互促。基础文明教育属于养成教育的范畴，而养成教育要想取得实效必须要长期坚持。因此，公安院校大学生日常生活中的自我教育、自发监督和互相促进对于公安院校大学生基础文明建设具有重要的意义。在区队中可以让学生组成几个文明行为小组，并设定一定的奖惩制度，让组员之间以及小组与小组之间相互监督、共同发展。要充分发挥区队干部和学生督查的带头和监督作用，带领和督促其他同学遵守学校的制度规范和文明行为要求。同时，除了学生干部和学生督查对普通同学的监督之外，也要保障普通同学对学生干部和学生督查的监督权，不能让学生干部和学生督查成为公安院校学生管理中的"特权者"。比如，如果学生干部在综合测评中既是被考核者又是执行者，可以很轻易通过各种德育加分在综合测评中名列前茅，而普通同学则需要在学业成绩上占极大优势才能拉平这个差距，那么必然会使普通同学对综合测评制度的公平性及合理性产生强烈质疑，所以在包括综合测评在内的各种考核、评比中都要充分发挥普通同学的监督作用。在宿舍中，公安院校大学生可以自发制定宿舍文明公约，比如说约定合理的作息时间和值日制度，维护宿舍文明纪律和卫生状况，同学们要自觉互相监督，遵守文明公约的学生会受到大家的赞扬而违反公约的学生则会受到大家的批评。总之，要进一步加强公安院校大学生的自我管理、自我教育，充分发挥学生的主体作用。

三、社会环境负面影响的隔断与消除

人作为社会关系的总和，不可能外在于社会而存在，而是必然会融入社会中，受到社会施加的辐射作用的影响，无论是好的方面还是坏的方面。如果社会道德状况发展良好，人心向善，自然也会有利于大学生道德素质的发展。但如果社会道德沦丧，社会风气每况愈下，则会严重阻碍大学生道德素质的培养，正如前文所述社会环境中不良风气的示范和助长效应，是公安院校大学生耻感缺失的主要根源之一。

从某种意义上说，任何道德行为都是道德规范和社会环境共同作用的结果，只有认识到这一点，我们才能理解为什么同样的人在不同的道德氛围中会产生不同的道德情感。关于社会环境对社会成员道德品质的影响，古人曾经以独特的方式体察到。子曰："与善人居，如入芝兰之室，久而不闻其香，即与之化矣。与不善人居，如入鲍鱼之肆，久而不闻其臭，亦与之化矣。"[①] 就是说，人在一定的环境之中时间久了就会习惯于环境渐渐受到环境的影响而被同化，"芝兰之香"也好，"鲍鱼之臭"也好，时间久了都会变得麻木就闻不到了。18 世纪法国唯物主义哲学家爱尔维修认为："我们在人与人之间所见到的精神上的差异是由于他们所

---

① 文心工作室. 孔子家语［M］. 上海：生活·读书·新知三联书店，2019：161.

处的不同环境、由于他们所受的不同教育所导致。"① 虽然他们仅仅看到环境对人的作用，而忽略了人对于环境的积极作用，但是他们所揭示的社会环境对于社会成员思想品质的影响这一思想，仍然对于我们今天思考社会成员耻感教育问题有着重要的启迪作用。尽管在人类历史发展的每一阶段我们都能发现"出淤泥而不染"的圣人先哲，但是在社会大众层面上，我们不得不承认：人总是他们所生活于其中的那个社会伦理环境的产儿。在一个社会黑暗、政治腐败、经济凋敝的土地上，不可能出现夜不闭户、路不拾遗的太平盛世；在一个食不果腹、衣不遮体，没有基本的做人尊严条件的环境中，很难指望民众在普遍意义上有向荣避辱的行为；在一个口头上提倡美德与正义，但实际上却是被所谓潜规则支配着日常生活各个方面的社会，良序正义的实现是一种奢望；在一个拜金主义与享乐主义居绝对支配地位，缺失激情与理想的社会，也很难形成具有生命力的民族精神。社会环境是个体道德操守、荣辱情感孕育的土壤，贫瘠的土地开不出丰腴的花朵，不改变固有的社会伦理环境，就难以指望民众有健全的人格与良好的品德。正如马克思所说："并不需要多大的聪明就可以看出，关于人性本善和人们智力平等，关于经验、习惯、教育的万能，关于外部环境对人的影响，关于工业的重大意义，关于享乐的合理性等的唯物主义学说，同共产主义和社会主义之间有着必然的联系。既然人是从感性世界和感性世界中的经验中汲取自己的一切知识、感觉等，那就必须这样安排周围的世界。使人在其中能认识和领会真正合乎人性的东西，使他能认识到自己是人。既然正确理解的利益是整个道德的基础，那就必须使个别人的私人利益符合于全人类的利益。既然从唯物主义意义上来说人是不自由的，就是说，既然人不是由于有逃避某种事物的消极力量，而是由于有表现本身的真正个性的积极力量才得到自由，那就不应当惩罚个别人的犯罪行为，而应当消灭犯罪行为的反社会的根源，并使每个人都有必要的社会活动场所来显露他的重要的生命力。既然人的性格是由环境造成的，那就必须使环境成为合

---

① 葛力. 十八世纪法国哲学 [M]. 北京：社会科学文献出版社，1991：468.

乎人性的环境。既然人天生就是社会的生物，那他就只有在社会中才能发展自己真正的天性，而对于他的天性的力量的判断，也不应当以单个个人的力量为准绳，而应当以整个社会的力量为准绳。"① 美国思想家杜威也认为，最良好、最深刻的道德训练莫过于使个体进入一个与他们有良好关系的道德氛围中。因此，从社会的角度出发，仅仅通过一般意义的道德教育和榜样示范提高社会成员的道德水平的做法是不够的，不改变社会成员道德品质、荣辱观念赖以形成的社会环境，无法提升人们的道德品质，也无法培育合理的荣辱精神。加强耻感教育，培养人们的耻感德性必须营造良好的社会伦理氛围，尽量隔断和消除社会环境的负面影响。

社会大众早已知晓社会环境对于人的道德品质的塑造作用，并且在日常生活中以朴素的方式领会并实践着这种生活的哲理，中国古代"孟母三迁"的故事就是明证。但是，在很长一段时间内，我们在道德教育方面，注重了道德宣传教育，强调了个体的自觉自律，却忽略了日常生活世界中现实环境对于个体道德品质提升和耻感培养的基础性作用。在新中国成立以来的几十年中，我们在政治、经济、文化建设上取得了空前成就，社会文明和道德面貌焕然一新。但遗憾的是，在"文化大革命"十年内乱中不仅中华民族几千年积淀下来的文明财富被粗暴否定，而且连革命战争年代所凝练出来的珍贵精神财富也被破坏。改革开放以后，除旧迎新，整个中华民族进入了一个新的历史发展时期，民众的日常生活有了空前的改善。然而，我们必须承认，在进入新的历史阶段后，新旧道德价值的更替任务还没有最终完成，而且出现了由社会转型更替而导致的价值混乱现象和道德真空状况。在日常生活中，不仅存在着道德评价缺失和道德边缘化现象，还存在着如同托克维尔当年所描述的"德行是美好的，但却未必是有用的"社会价值引导与利益诱导的背离状况，以及由价值引导与利益诱导背离状态所带来的道德虚伪与冷漠；存在着

---

① 马克思，恩格斯．马克思恩格斯全集（第2卷）［M］．北京：人民出版社，1957：166 - 167.

由于社会权利和义务关系分配不公平而引起的贫富分化现象，这种社会分配不公平向社会传达了被扭曲了的价值信息，并对生活在其中的民众的道德生活及情感体验产生深刻的影响，成为当代中国社会存在荣辱倒错、耻感淡漠现象的基本缘由。尽管社会转型期的道德失范和耻感缺失有其特殊性，但是一个社会要使社会成员在普遍意义上确立起合理的道德追求和荣辱体验，就必须向社会成员提供一个健康有序生活的世界，这是道德精神和荣辱情感体验得以生长的土壤。

总之，如果放任公安院校大学生长期暴露在社会环境的负面影响之下，不仅很难培养公安院校大学生的耻感、提高他们的道德素质，而且学校的教育成果也会被社会的负面影响消解或同化掉。尤其是在现代社会信息飞速传播的背景之下，公安院校大学生越来越容易接触到各类社会负面事件，也更容易受其负面影响。因此，为了使公安院校大学生的耻感培养有一个良好的环境氛围，必须采取措施隔断和消除社会环境的负面影响，防止不良社会风气在校园中滋长和蔓延。

第六章

公安院校大学生耻感培养的
具体途径与方法

探究公安院校大学生耻感教育的具体路径与方法，有利于解决公安院校大学生思想道德素质发展中遇到的问题，有利于克服现有道德教育模式中存在的"假大空"问题，将为公安院校道德教育取得实效提供新思路，对公安院校思想政治教育工作的顺利开展和公安院校大学生道德自律能力的提高都具有重要的现实意义。

第一节　以耻感培养为中心的专题教育

耻感是一种社会性情感，它不是与生俱来的，而是行为主体在后天的道德社会化过程中产生，并得以逐渐丰富和发展，因而其产生和发展必然受到行为主体所受的教育方式、所处的文化背景以及环境氛围等因素的深刻影响。因此，教育对于道德耻感的产生、发展至关重要。深化耻感教育是培育、激发和保护人们耻感美德的重要途径和方法。学校是专业的教育机构，不仅是学生获得知识教育的主要来源，也承担着道德教育的重任。近年来高校思想政治教育得到了社会的普遍重视，然而专门的耻感教育在公安院校中依然鲜见。针对这一现状，应当凸显耻感教育在公安院校思想政治教育工作中的地位，开展以耻感培养为中心的专题教育。

一、正确道德行为规范的教育

无论在什么样的道德教育中，道德认知教育都是道德教育的第一个步骤。苏格拉底所说的"美德即知识"的著名论断是有一定道理的，因为人如果没有判断是非、善恶的能力，不知道何为"有德之人"，何谓"缺德之人"，自然也就不知道怎样去做一个"有德之人"。可见，美德不能没有知识。所以，"在认知层面上了解并认同社会的主流价值观，是道德行为发生的逻辑前提。"① 耻感教育也是如此，耻感的培育必须以知耻为前提，个体只有知道什么是"耻"，才能知道以何为耻，而不是不以耻为耻或者荣耻不分。从这个意义上说，知耻是耻感培养的基础和起点，而知耻则离不开对于是非、善恶、美丑、荣辱的认识和判断，也就是说个体的道德认知能力是耻感培养的重要前提。所以，公安院校耻感教育应该从正确的道德行为规范的教育入手，既要对公安院校大学生进行基本的道德知识和规范的教育，也要对公安院校大学生进行警察职业道德规范的教育，这样才能为党和人民培养出合格乃至优秀的人民警察。

在正确道德规范教育的过程中，公安院校教师要以合乎社会伦理底线的正确道德行为规范为分界线，帮助公安院校大学生明确耻与不耻的评价标准和具体行为规范，从而使公安院校大学生知道什么是羞耻，什么样的行为是可耻的，继而在自己的思想或行为违反那些道德行为规范时产生羞耻的负性心理体验并调整自己的行为。总之，只有个体对社会道德行为规范有了明确的认识，具备了基本的判断是非的能力，才有可能逐渐形成正确、清晰的耻感观念，并按照社会道德规范的要求衡量和调整自己的行为。因此，公安院校教育者应该结合公安院校大学生原有的道德认知水平和心理状态，采取科学方式对公安院校大学生进行正确道德行为规范的教育，帮助公安院校大学生树立正确的是非观，使公安院校大学生知道应该提倡什么、反对什么，知晓何为耻、何为不耻，为

① 汪凤炎，郑红. 荣耻心的心理学研究 [M]. 北京：人民出版社，2010：376-377.

公安院校大学生耻感的培养打下基础。

二、正确的荣辱观的教育

荣誉与耻辱是在人们人生发展过程中可能遭遇的两种客观境遇，它们是评价是非善恶的一对基本范畴。社会生活中的人们，总会按照自己对于善与恶的认同而行动，并在心灵深处对自己的行为及其后果产生感受和体验。当人们认识到自己的思想行为符合其善恶观念时，就会产生自尊、体面的心理感受，就会感到光荣。反之，就会产生自责、内疚的心理感受，就会感到羞耻。荣或辱不仅是人们在进行自我评价时产生的自尊或自愧的心理体验，而且是社会在对人们的思想行为进行褒奖或贬斥评价时产生的自尊或自愧的心理体验。当人们按照自己生活在其中的社会的主流价值标准和道德原则去行动，并为社会的稳定和发展做出贡献时，就会受到社会的褒奖。反之，则会被社会贬斥。凡生活在社会中的人们，都会有自己对于荣与辱的理解和看法，但未必是理性的、稳定的。荣辱观与感性的、具体的荣辱观念不同，它是人们依据一定道德标准进行自我评价、社会评价活动中，逐渐形成的关于荣辱观念的总和，是个别的、零散的荣辱观念的理性升华，是人们对于什么是荣誉与耻辱，以及如何正确对待人生境遇中的荣誉与耻辱问题的总的看法和根本观点。它的具体内容不是主观的、任意的，而是植根于社会生活之中，由一定社会或时代发展的需要所决定，是一定社会特定历史时期的善恶判断标准的反映。任何一个社会和时代都应存在一种适应时代以及社会发展要求的具有普遍适应性的荣辱观，它是行为主体产生和形成正确荣誉感和耻辱感的前提和基础。因为个体对荣与耻的接受、内化、体验和反应都基于其认同并秉承的荣辱观。一个坚持并奉行错误荣辱观的人，是很难产生正确的荣誉感和耻辱感的。因此，必须要对公安院校大学生进行正确荣辱观的教育。

正确荣辱观的教育就是要使公安院校大学生形成对荣与辱的正确看法，准确辨认和区分真实的荣和真正的耻，做到耻所当耻、荣所当荣，同时要加强公安院校大学生对于荣所带来的愉悦感和耻所带来的痛苦情绪的情感体验，培养公安院校大学生强烈的恶耻尚荣的道德情感和意志。总之，了解和明确正确的道德行为规范，掌握耻与不耻的评价标准，只是解决耻感教育的基础层面，即认知层面的问题，更重要的是要教育公安院校大学生"耻所当耻"，将外在的社会认定的应该遵守的道德规范、耻与不耻的判断标准乃至具体的可耻行为规范内化为公安院校大学生的道德律令，从而在内心深处产生对可耻行为的厌恶、憎恨并自觉远耻、避耻。

首先，就对荣辱观的正确认识来说，公安院校大学生要对什么是荣什么是辱有清醒的认识，要知道以何为荣、以何为耻，决不能荣辱不分或颠倒荣辱。此外，公安院校大学生还要注意识别和区分真正的荣和真正的耻。荀子就曾将荣辱各分为两个层次，即"义荣""势荣"和"义辱""势辱"。"义荣"是因善德善行所得，"义辱"是因恶德恶行所致，它们以"义"为衡量标准，是真正的荣辱。"势荣"是由权势地位所得，"势辱"则因无权势弱而受，它们以"利"衡量，并不是真正的荣辱。当代公安院校大学生在市场经济负面效应的影响下，很容易导致价值标准趋于功利化、世俗化，从而荣辱观扭曲，把利益得失看得高于一切，以"势荣""势辱"代替"义荣""义辱"。荣辱观教育就是要培养公安院校大学生对荣、辱的正确认识，让他们知道荣辱是由人的道德水平高低决定的，与权势、地位和财富无关，"义荣"和"义辱"才是真正的荣辱。公安院校教育者应该在社会主义荣辱观的指导下，注意在日常生活和基本行为规范的实践中教育和监督学生，让公安院校大学生从身边的每一件小事做起，从基础文明行为做起，端正荣辱观念，提高辨耻、识荣的能力。

其次，就培养恶耻尚荣道德情感来说，一方面，应该培养和加强公安院校大学生的耻感意识。古语有云，"知耻而后勇"。耻感作为一种道德情感是人在觉察到自身思想或行为违背社会公认或者自身认同的社会道德和伦理规范时，产生的一种指向自我的痛苦的心理体验，其产生主要来自对自身的负性评价。培养人的耻感意识一定程度上就是要培养人对于自身行为的动机和后果的判断和预测能力，使人能够正确地审视和评判自己和他人的行为并敏感而准确地觉察到哪些行为可能导致痛苦的内心体验，从而为了避免这种内心体验而对自己的行为进行调整，通过道德自律实现使"耻"成为约束人的思想、行为的坚固防线的目的。另一方面，还应该培养公安院校大学生的荣誉感。"耻"是对善的否定性把握，"荣"是对善的肯定性把握，二者就像一个硬币的两面，一个从反面刺激，一个从正面激励，共同施加使人向善的力。羞耻感和荣誉感是一个问题的两个面，归根到底都是对善的认识和把握，二者不可分割。荣誉感强的人往往也具有较强的羞耻感，而羞耻感淡薄的人大多荣誉感也不强，一个不知道羞耻的人也是不会得到真正的荣誉的。因此，培养公安院校大学生的荣誉感也有利于羞耻感的培养。总之，荣誉感与羞耻感一个正面一个负面，相互映照，对规范人的行为起着双重的作用力，荣辱观教育对于促进人追求道德的更高境界、完善道德人格具有重要的意义。

三、自尊心和责任心的教育

自尊心是个体指向自我的健康良好的心理状态，心理学家认为自尊心是通过社会比较形成的，是个体在社会比较或社会评价过程中所获得的有关自我价值的积极评价与体验。每个人都需要了解自己，知道自己在团体和社会中处于什么位置，从而体会自身的价值。很多时候，人们可以通过某些客观的标准来了解自己，比如通过体温、血压、脉搏等了解自己的健康状况，但是大多时候没有这种可以直接参照的客观标准，就需要通过与他人比较才能评估自己。《旧唐书·魏徵传》中记载，唐贞观十七年（公元 643 年），直言敢谏的忠臣魏徵病逝，唐太宗很难过地流着眼泪说："大以铜为镜，可以正衣冠；以史为镜，可以知兴替；以人为镜，可以明得失。魏徵没，朕亡一镜矣！"[①] 这段话名留千史，对后世也

---

① 刘昫. 旧唐书［M］. 呼和浩特：远方出版社，2006：238.

有很大的影响。正如唐太宗所言，人与人之间就像是镜子一样互相映照，人们在"铜镜"中可以看到自己的脸和服饰，认为镜子中的映像就是自己，并会因这种映像是否符合自己期待而产生满意或者失望的心情。在社会交往中也是如此，人们可以通过想象来了解他人对自己外貌、举止、性格等各方面的看法，并且在不同程度上受到这些看法的影响。社会心理学家查尔斯·霍顿·库利认为："自我与社会是对双胞胎……如果没有'你''他'或'他们'的相对意识，也就没有'我'的意识。"① 个体总是想象他人或社会对自己的认识和评价，并从这些认识和评价中获得自身形象。所以，个体的身份认同在很大程度上与他人有关，与个体所处社会中的成员有关，即使个体的自我概念非常清晰，他人尤其是与自身有亲缘关系和情感联结的人，对个体的感受和看法也总是会影响个体的自我感觉。个体的自尊心或自尊感就是由这种镜像意识所引发的自我态度体验或情感反应，他人或社会对自己的态度与评价是个体的自尊心、自尊感的根源，真正持久的自尊发展最终取决于人际关系。欧文·戈夫曼在他的经典社会学著作《日常生活中的自我呈现》中将一对一的人际互动与舞台表演做了类比，在这两种情境中，个体都在调整自己的外表和言谈举止，以此来影响对方对自己的印象。戈夫曼认为，一旦我们与他人接触，我们就会通过调整自己的外表和言谈举止，来试图影响他人对我们的印象，这种做法通常情况下都是无意识的（欧文·戈夫曼，1859）。那些想要从我们的表现中了解我们的其他人，也会做出相似的行为。正是因为人是社会性动物，而且天生渴望联结，需要将自己的快乐和自豪分享给重要的人，所以自尊的发展是一种人际互动经历。自尊不是等待外界的赞美，它是一项需要努力才能获得的成就；也不是一劳永逸的结果，而是需要通过持续付出才能培养和维系的状态。

　　自尊心和羞耻感关系密切，从个体道德情感的发生机制分析，二者的发生机制是极为类似的，但又是各具特点的。自尊心和羞耻感都是行为主体指向自我的情绪体验，都建立在行为主体的自我认知、自我评价

―――――――――

　　①　科瑟. 社会学思想名家［M］. 石人，译. 北京：中国社会科学出版社，1990：336.

的基础上，但却是两种既相互联系又截然对立的个体自我价值评价和情感体验。自尊心是个体指向自我的一种自我悦纳、自我欣赏的积极而肯定的情感体验；耻感则是个体指向自我的一种自我愧疚、自我厌恶的消极否定性情感体验。在耻感和自尊感的发生过程中，两者互为表里、相互激发。当行为主体对其违规的思想行为进行反省而萌生了耻感情绪时，会促使自己采取必要的补救措施，尽力消除其不当思想和行为所造成的消极影响，以维护自己的形象和自尊；当行为主体赢得了社会或他人的赞誉和尊重时，其耻感意识就会表现得更加强烈，从而更加自觉地检点自己的思想和言行。因此可以说，耻感是个体自尊心的重要表征，自尊心是个体耻感产生的重要前提。心理学研究表明自尊和羞耻存在着正相关的关系：个体的耻感意识越强烈，其自尊水平就越高；个体的自尊心越强，其耻感体验也就越深刻。羞耻感是一种消极的自尊心，是人的自尊心受到伤害时感受到的一种情感。因为有自尊心的人往往比较在意自己在社会中获得的评价和取得的地位，并希望自己能被他人和社会所肯定，所以有自尊心的人也会有羞耻感，而且一个人的自尊心越强，体验到的羞耻感也就越强。反之，一个缺乏自尊心的人也无法萌生强烈的羞耻感。因此，应当将自尊心的培养作为耻感教育的重要内容，否则，耻感本身将失去存在的依据，耻感教育也将无从谈起。很难想象一个缺乏自尊心和尊严感的人，会萌生强烈的耻感。

公安院校教师在对学生进行耻感教育的过程中要注意自尊心的培养，要尊重学生的人格，切不可随意对学生进行无节制的批评、斥责和体罚，过度的批评和挖苦只会损伤学生的自尊心，进而导致他们"破罐子破摔"丧失羞耻心。当然，适度的批评还是有必要的，适度的批评可以利用学生的自尊心使学生认识到自己的错误并加强学生的羞耻感从而使学生更加谦虚和努力。"一项美国的关于'自尊运动'及其后果的研究尖锐地指出，当今时代成了一个'自我权力感膨胀的时代'，其核心特点是普遍存在的自恋。"① 催生这种现象的文化因素颇为复杂，其中一个因素是对上

---

① 约瑟夫·布尔戈. 超越羞耻感 [M]. 姜帆，译. 北京：机械工业出版社，2021：31.

几代人过度严厉的教育方式的反击。批评、羞辱甚至体罚学生在100年前是常见的教育方式，而随着时代的发展人们越来越不赞成这种批评式教育，而是学会了表扬式、鼓励式教育。任何一个对教育学、心理学有所了解的人都不会赞同回到过去严厉批评学生的时代。但是，羞耻感仍然是学生成长过程中不可避免的一部分，学生在向着预期目标努力及与自己在乎的人互动时都会不断地体验到某种羞耻感。现代社会，人们生活在一个激烈竞争的环境中，而所有形式的竞争都不可避免地与羞耻感有关：无论我们是否愿意，竞争都深刻地影响了我们的社会关系，总会有赢家和输家，对于那些在竞争中失败的人来说，即使是健康的竞争也会带来一定程度的羞耻感。"对于失败或挫败带来的羞耻感，这种态度正是美国经济进步的核心精神，也是硅谷创业文化的重点。失败是成功的必经之路，唯一值得羞耻的事情是未能从失败中获得成长。"[①] 在很多时候，羞耻感的体验为我们提供了成长和学习的机会，如果我们善于倾听羞耻感的忠告，它有时会告诉我们自己是谁，以及我们想要自己成为什么样的人。暂时否认羞耻感来应对难以承受的消极情绪是正常而普遍的，这通常能帮助我们承受情绪危机，直到我们有足够力量去面对痛苦。但是，持续地否认我们需要面对的现实，会使我们无法从自己的经验中学习，尤其是会使我们错过羞耻感中蕴含的经验教训。学会应对失败的羞耻感而不灰心气馁，能帮助人们成功应对一生中不可避免的挫折，坚持为自己的目标努力。所以，如果公安院校大学生受到过度的保护，无法体验到任何羞耻感，他们就不能发展出健康的自尊，必须教会公安院校大学生承受日常生活中的羞耻感体验，为自己的羞耻感负责，并从中汲取经验教训，不断追求自己的目标。

责任心与羞耻感存在重要的联系。一个有责任心的人往往能明确自己的职责，知道要为自己的行为和选择负责任，一般也都能正确面对自己的错误行为及其后果并对自己责任范围内的不当行为产生应有的羞耻感。没有责任心的人则相反，他们可能对任何事都漠不关心，凡事"高

① 约瑟夫·布尔戈. 超越羞耻感［M］. 姜帆，译. 北京：机械工业出版社，2021：57.

高挂起"，即使因自身的不当行为产生了不良后果也可能因为责任感的缺乏而推卸责任，无法产生应有的羞耻感。因此，对公安院校大学生进行责任感教育对于公安院校大学生耻感的培养具有重要的意义，公安院校应该注意对学生的责任感教育，从个人责任感、家庭责任感、职业责任感、社会责任感四个方面对学生展开教育。通过个人责任感教育，教育公安院校大学生对自己负责，勇于承担责任，对于自己的人生态度、人生目标都要有清醒的认识和负责任的态度，要以荒废时间、无所作为为耻；通过家庭责任感教育，教育公安院校大学生对家庭负责，尊敬和关心父母、亲人，以不孝敬父母、不关爱亲人为耻；通过职业责任感教育，教育公安院校大学生对公安事业负责，加强对警察职业的认识，时刻以预备警官的特殊身份严格要求自己，以无组织性、无纪律性为耻。通过社会责任感教育，教育公安院校大学生正确认识国情，承担自己应该承担的历史使命，以逃避社会责任只顾个人利益为耻。

综上所述，以耻感为中心的专题教育有着非常丰富的教育内容，包括正确道德行为规范的教育、正确荣辱观的教育、自尊心和责任感的教育等，良好的耻感教育效果将让公安院校大学生在潜移默化中受到影响甚至会伴随其一生。但是，需要注意的是，开展以耻感培养为中心的专题教育不能仅仅依靠思想政治教育理论课。虽然在高校思想政治理论课中开展耻感教育有着天然的优势，如《思想道德与法治》课中可以直接开展荣辱观教育和警察职业道德教育，在《中国近现代史纲要》课中可以结合学科特点和耻感教育的实际需要进行国耻教育，在《马克思主义基本原理》和《毛泽东思想和中国特色社会主义理论体系概论》课程中，任课教师也可以根据各自的学科特点，选择合适的耻感教育题材和创新性的教学方法。但是，当前公安院校马克思主义学院的建设仍处于探索阶段，学科基础和师资队伍都比较薄弱，与其他高校的交流合作也很少，还不具备进行耻感教育的充足经验，必须团结一切可以团结的力量共同提高教育效果。尤其是在"课程思政"的大趋势之下，耻感教育不只是思想政治理论课教师的职责，更是所有教师的共同职责，必须打破思维定式，充分挖掘专业课程的育人价值。专业课教师要转变教学理念，不仅要育才也要育人，在专业课程中巧妙渗透耻感教育。只有提高各门学科教师对耻感教育的重视程度并与思想政治理论课同向同行形成合力，才能最大程度地激发耻感教育的效果。因此，将公安院校大学生的耻感教育与专业课的课堂教学相结合是极其必要的。但是，需要注意的是专业课程中的耻感教育切忌生搬硬套、削足适履，专业课教师应凭借其自身的专业能力和个人魅力在教学过程中以"润物细无声"的方式，不经意地传达耻感教育的思想观念。通过找到两者之间的结合点，能够弥补公安院校大学生在警务技能学习之外的不足，深化预备警官对于应当履行的社会责任和职业使命的认识。

第二节　学生日常管理中的耻感教育

耻感教育与其他教育的不同就在于它是一种养成教育，在教育方式上必须注意使其与学生的修身过程统一起来，才能使教育效果落到实处。公安院校大学生耻感培养不仅是道德规范认知的过程，更重要的是接受和内化的过程，所以耻感的培养不是"一时"的事情，也不是"一事"的事情，如果仅依靠专题耻感教育企图"毕其功于一役"是难以真正实现公安院校大学生耻感培养目标的。所以，公安院校除了开展以耻感培养为中心的专题教育外，学校和学院领导、辅导员必须要善于把教育与管理融合起来，大力且持久地将耻感教育渗透到日常的警务化管理、思想政治工作及道德实践活动的过程中去，引导公安院校大学生养成明是非、辨荣辱的自觉意识。

一、警务化管理中的耻感教育

在公安院校实行警务化管理是一种通行方式，也是公安院校区别于其他高校的办学特色。由于公安院校的学历教育阶段起步相对较晚，加之学生管理工作与普通高校存在差异，不能照搬现有模式，因此2003年的全国公安工作会议提出，公安院校学生管理参照军队院校采取警务化管理模式。近20年的发展实践表明，警务化管理有利于突出公安的职业特色，有利于传承人民警察的优良传统和宝贵经验，是培养新时期警务人才的重要途径。

近年来，随着"00后"学生考入公安院校，警务化管理工作面临的问题和挑战也随之增加。首先是警务化管理的宽严相济问题。以往公安院校的警务化管理更多强调纪律约束，通过各种纪律规章和条令戒律来管理学生，忽视了柔性管理和教育引导的作用。上述管理模式的弊端在于：大量使用通报、惩戒等处罚手段，非但不能对学生形成正确的引导，反而会让学生产生逆反心理。面对思维开放、个性活跃、崇尚自由的新时代大学生，警务化管理必须与时俱进才能适应学生管理工作要求。因此，必须平衡好严格管理和柔性教育的关系，及时调整警务化管理的方式，逐步发挥耻感教育的作用。其次是警务化管理的共性与个性问题。以往的警务化管理更多强调学生的忠诚、严谨、团结、奉献等共性化要求，导致在管理过程中容易出现一刀切现象，忽视了学生个性化的发展，因此不利于学生兴趣爱好的培养和个人潜能的提升。最后是警务化管理中的学生干部素质问题。公安院校的警务化管理离不开学生干部的参与，学生干部自身的素质关乎警务化管理的成效。以往的警务化管理中过多强调学生干部的政治素质，忽视了对其他方面素质和能力的培养，导致少数学生干部无论是在个人修养还是在管理能力方面都无法给其他学生起表率作用，更遑论激发警务化管理的育人潜能。此外，部分学生竞选学生干部的动机不良，甚至在管理过程中"监守自盗"，严重影响了警务化管理的公信力。

从大一新生入学伊始，其所有生活和学习活动就被纳入警务化管理当中。公安院校严格的作息制度、上课制度、训练制度为开展耻感教育提供了制度保证。以浙江警察学院为例，通过每周固定的周点名或者座谈等活动，与学生探讨社会热点事件或日常生活中遇到的道德难题，引导学生对不文明行为进行反思，使其引以为戒，纠正错误观念，树立正确观念。同时，与严格的管理制度相适应，公安院校通常会有一套比较完整的惩戒措施，其目的是在一定程度上依靠惩戒手段来提升各项规章制度的约束力。惩戒制度属于一种外界强制力，虽然可以使学生在行为上约束自己的言行，但是很难使学生从内心深处认识到自身的错误。有些学生认为被惩戒只是因为运气不佳等偶然因素，只要下次注意不被发现就可以。也有些学生在被多次惩戒之后反而更加麻木，把惩戒当成是一种"走形式"。所以，应对违反警务化管理规定的学生进行适当的耻感教育，培养学生"以违规为耻，以惩戒为耻"的耻感意识。例如，在对那些寝室内务不合格、不遵守课堂纪律或者未假外出等违反纪律的学生进行耻感教育时，可以采取在公开场合不点名批评的方式，使用"他人在场"法，借助他人和集体的力量激发和强化他们的羞耻感。

二、学生日常思想政治工作中的耻感教育

学生日常思想政治教育工作是高校思想政治教育工作的第一线，与学生的道德意识培养和道德行为实践有着密切的关系。公安院校管理者、教师和辅导员要注意将耻感教育渗透到日常的思想政治教育过程中，潜移默化地引导公安院校大学生养成明是非、辨荣辱的自觉意识。

（一）认识公安院校耻感教育的重要性

公安院校大学生作为中国特色社会主义政法工作的接班人和未来公安事业的主力军，肩负着维护稳定的社会环境、公正的法治环境、优质的服务环境的使命和重任，其认知水平、价值取向和自我实现与发展，事关党和国家事业的兴衰成败，事关我国政法事业的长远发展，事关人民群众的切身利益。耻感作为一种重要的道德情感，对个体的行为具有约束作用，能够促使个体自觉规范自己的言行。公安院校大学生应该具备正确的是非观念和强烈的耻感意识，以危害祖国、背离人民、愚昧无知、好逸恶劳、损人利己、见利忘义、违法乱纪、骄奢淫逸等思想和行为为耻。在公安院校中开展耻感教育，就是要帮助公安院校大学生形成正确的道德价值观，培养道德良心和知耻心。

首先，公安院校管理者、教师和辅导员都要充分认识到耻感教育的重要性和紧迫性，并通过自身的言传身教为公安院校大学生的耻感培养和道德实践树立标杆。一方面，公安院校管理者要充分认识耻感教育的重要性，以社会主义荣辱观为旗帜，以是非、善恶为标准，以《新时代公民道德建设实施纲要》和《公安机关人民警察职业道德规范》为内容，在公安院校大学生中大力开展知耻尚荣教育。另一方面，公安院校教师和辅导员作为一线教育者要将正确的荣耻观念变为自己的内心原则和行为准则，通过自己的一言一行为公安院校大学生的耻感培养和道德实践做好榜样。亚里士多德说过：人是最富有模仿性的生物，人都是借助于模仿来学习最早的功课的。耻感教育过程是教师和学生之间的双向交流过程，教师对学生的影响不仅仅是课堂上的知识传授，教师自身的个性、品德、气质都会对学生产生非常大的影响。学生具有向师性，教师的一言一行都是学生学习和模仿的对象。因此，要培养公安院校大学生的耻感，公安院校教师自身必须先做出表率，做到"行己有耻"，否则，教师的所有正面的教育都会在自身言行不一、虚伪做作的形象对比下变得"苍白无力"，以至于教育效果大打折扣，甚至完全消失。

其次，公安院校大学生自己要充分认识耻感教育的重要性。如果公安院校大学生不重视甚至反感耻感教育，那么无论学校和老师采取什么样的教育方法，公安院校耻感教育也很难取得实效，所以必须使公安院校大学生充分认识到耻感教育的重要性，并且愿意接受耻感教育。公安院校大学生与普通院校大学生最大的区别就是角色定位的问题，公安院校大学生入学后主要有两个方面的角色转变，一个是从高中生变为大学生的角色转变，另一个是从普通人变为预备警官的角色转变。所以，公安院校从新生入学起就要加强"角色转变"的教育，使公安院校大学生清醒认识到自己与从前、与普通大学生的不同之处，找准自己的角色定位，提高对自己的要求。公安院校大学生不仅应该和普通大学生一样具备基本的道德耻感，而且应该自觉以人民警察的身份要求自己，积极接受"权耻感""利耻感"等耻感教育，从双重角色定位出发加强对耻感教育重要性的认识。

（二）了解公安院校大学生的思想实际

思想政治教育工作者必须要深入到学生中去，了解学生的生活、需要、思想动态和行为变化，才能避免空洞说教，保证思想政治工作取得实效。公安院校由于培养对象、培养内容具有特殊性，公安院校思想政治工作也具有与一般高校思想政治工作不同的特殊性，必须充分考虑公安院校大学生的心理特点、思维特点和职业特点等因素，才能取得更好的教育效果。

公安院校教育者要注意在日常思想政治教育的过程中多关心和帮助学生，深入了解公安院校大学生的心理特点和思想实际，从而明确耻感教育的方向性，有针对性地加强对学生的耻感教育。比如说在周点名或者辩论、座谈等活动中讲一些公安院校大学生关心的社会焦点事件或者公安院校大学生熟悉的、普遍会遇到的一些问题，引导他们对那些典型的可耻的事情和行为进行讨论和反思，使他们引以为戒，修正错误观念，对那些真实、感人的事件进行领悟和学习，形成和巩固正确观念。还有，时刻关注公安院校大学生的思想波动和行为变化，当公安院校大学生在学习、生活、人际交往等方面产生是非判断和行为选择上的困惑时，仔细分析和了解学生的实际情况，具体问题具体分析，使学生明确什么是对，什么是错，什么是可耻的，帮助学生在面对复杂的情况时发挥主观能动性而不是逃避或随大流。如果公安院校大学生已经存在不当行为，教师则应该根据实际情况及学校规则制度对学生进行适当的批评或者惩罚，并及时进行仔细、深刻的思想教育，使他们真正认识到自己的行为是错误的、可耻的，培养并加强公安院校大学生的羞耻感，避免再犯类似的错误。

（三）谨防破窗效应

"破窗效应"是犯罪学的一个著名理论，由政治学家詹姆士·威尔逊及犯罪学家乔治·凯林提出。这一理论认为环境会对人产生强烈的暗示和诱导作用，如果不良现象被放任存在，会诱使人们不断仿效，甚至变本加厉。比如说，有人打破一栋建筑物的窗户，如果那些窗不被及时修理好，就会给人一种无序的感觉，可能将会有人打破更多的窗户，甚至会闯入建筑物大肆破坏。在这种公众麻木不仁的氛围中，犯罪就会滋生、繁荣。"破窗效应"不仅在社会中普遍存在，而且在教育领域也有非常重大的意义。尤其是公安院校实行警务化管理，非常强调纪律性和组织性，"破窗效应"一旦出现就会严重影响公安院校的正常秩序。因警务化管理的需要，除了因事请假以外，公安院校大学生都在校内住宿，学习和生活都与集体息息相关，在学习和生活习惯上会相互影响。在学习方面，如果一个或少数几个人出现拖欠作业或者相互抄袭的现象就会在学生中产生不良影响，形成"破窗效应"，带坏整个区队的学习风气。在生活方面也是如此，公安院校有非常严格的内务条例，也有完善的纪检监察制度，但是很多公安院校大学生的自觉性和主动性不够，在极大程度上需要依赖外部监管，所以一旦某段时间或者某个细节监管不到位，公安院校大学生的内务水准就会迅速下降。所以，公安院校在日常学生管理和思想政治教育中也不能忽视"破窗效应"的作用，它对公安院校耻感教育有很大启示。具体来说，在公安院校大学生耻感教育的过程中要预防"破窗效应"，可以采取以下措施。

第一，谨防第一块"破窗"。对每个人来说，"第一次"都是有着特殊意义的，对集体来说也是如此，在公安院校学生日常思想政治工作中，每个"第一次"都是非常重要的，有很大的示范辐射作用。第一次集合、第一次上课、第一次考试等，如果每一个"第一次"教育者都能认真设计，严格要求，有力执行，力求每一个"第一次"都能获得成功，那么今后这些活动的开展将会更有序、更顺利。反之，"第一次"如果失败的话，产生的不良效应很可能导致严重的后果。如果某个"第一次"由于某些原因失败的话，这个失败就会成为"破窗"的源头。不仅这次活动的效果会大打折扣，以后类似的活动再想开展也会是"失马锁厩，为时已晚"，而且这次失败的负面效应还会辐射到其他活动中，产生难以补救的隐患。因此，为了防止"破窗效应"的发生，教育者在教育和管理学生的过程中要谨防第一块"破窗"。有些教师会等事情发生后才开始采取行动，导致陷入被动。等事情已经发生或闹大才处理会使教育效果大打折扣，亡羊补牢虽犹未晚却比不上未雨绸缪，因此平时的预防是非常关键的。公安院校教师平时就要多观察了解学生和整个区队的实际情况，把不良行为扼杀在萌芽状态。一方面，充分重视区队中的各种"第一"。"第一"都是有示范和辐射作用的，无论是好的方面还是不好的方面。"第一次"是很容易诱发"破窗效应"的环节，千万不能草率行事。教师在第一次进行耻感教育的时候就一定要非常重视，要力求不出现纰漏，达到应有的效果，才能对后续的教育起到良好的示范作用，防止"破窗效应"。另一方面，注意对非正式群体的因势利导。在一个集体中，非正式群体是积极的还是消极的会对整个集体产生影响。对非正式群体的处理也要有技巧，既不能完全限制引起学生逆反情绪也不能太过放任使其壮大与正式群体分庭抗礼，阻碍集体正常活动。公安院校教师在处理非正式群体时要注意因势利导，对积极的非正式群体要注意监管，使其保持稳定；对于起消极作用的非正式群体要及时进行修正和引导，使其向积极方向发展；而对于严重威胁集体稳定的非正式群体则要限制其发展并逐渐瓦解其势力。非正式群体是集体中的一个变量，人都有从众心理，非正式群体作为一个聚集了一定人数的群体不仅会影响群体内成员也会对其他学生产生示范效应，消极的非正式群体会迅速形成"破窗效应"，积极的非正式群体则会带动整个集体向好的方向发展，因此，加强对非正式群体的因势利导有助于预防"破窗效应"。

第二，及时并有效地修补"破窗"。虽然教育者要注重预防破窗，但预防得再好也不可能永远不出现破窗。出现"破窗"不可怕，可怕的是"破窗"出现后不重视，不及时处理或者处理不得法。教育无小事，一些看似无关轻重的问题，如果不及时处理，很容易产生破窗效应，造成难以想象的后果。如果每次违规行为都不了了之，违规者不用承担任何责任，久而久之，违规的耻感就会消失，违规的"破窗效应"就自然而然地形成了。因此，一旦有事件发生，公安院校教师应该在第一时间找到当事学生掌握真实情况，对违规学生迅速做出处理，并警示其他学生不能犯类似错误。如果能及时修补好"破窗"，并使打破窗户的人受到惩罚，其他人就不会再去尝试打破窗户。修补"破窗"不仅要及时，还要有效，不然修补了也没有作用。对违规学生处理要到位，惩罚力度要足够。教育就如同治病，必须要一针见血，不能留下隐患。而且，除了处罚当事学生，教育者还要警惕事件对其他学生的影响，注意加强事后的宣传教育，就会起到"杀一儆百"的作用。此外，选择合适的教育方法对教育效果的影响也是很大的，正确的教育方法才能起到作用，不合适的教育方法则很难深入人心。

第三，营造良好的教育环境。"破窗效应"本身体现的就是环境的暗示和诱导作用，所以环境和"破窗效应"的形成有很大关系。不好的环境容易导致"破窗"的出现，也会助长"破窗效应"的负面影响，而良好的环境则有助于预防和扼制"破窗效应"。如同不懂礼节的人到了金碧辉煌的高级酒店也会受到环境的感染注意自己的言行一样，良好的氛围会对学生产生无形的约束作用。所以，公安院校大学生耻感教育除了有效预防"破窗"和及时修补"破窗"以外，还需要营造一个良好的环境。对公安院校大学生产生深刻影响的环境包括学校大环境和区队小环境。一所学校的校园环境反映着教育者的教育理念，良好的校园环境可以在学校的教育活动中发挥重要的作用。公安院校要加强耻感教育必须重视校园文化建设，要使校园的每一个角落都能说话，每一个地方都能育人，努力打造有内涵、有特色的耻感文化氛围并使每一个学生都受到熏陶。区队小环境，主要指的是区队制度文化环境和精神文化环境。完善的区队制度是区队建设的重要保障，能够尽可能地减少区队各方面的漏洞，有效预防"破窗效应"。区队制度的建设应该让学生参与进来，多考虑学生的需要和意见，建设符合学生身心发展规律的区队制度。在区队文化建设中，一方面辅导员需要积极引导和组织区队文化建设，既要严格要求自己给学生做好示范，也要关心、爱护和鼓励学生，营造融洽的师生关系；另一方面要发挥学生的作用使学生积极参与到区队文化建设的过程中，尤其是要重视优秀学生干部的榜样带头作用，使区队文化向积极方向发展。双管齐下才能使区队形成和谐的人际关系和积极向上的集体舆论，为防止"破窗效应"提供良好的环境保障。

第四，教育者自己不能"破窗"。教育者作为教育的主体和规章制度的制定和监督者，绝对不能先"破窗"。教育者对于受教育者具有示范作用，无论是积极的还是消极的，教育者的行为都会成为受教育者的观察和模仿的对象。公安院校辅导员不仅要关心学生的学习还要关注学生的生活，事无巨细都需要辅导员的监督和管理，辅导员的言行必然会对学生产生巨大的影响。辅导员作为教育者绝对不能首先"破窗"，否则不仅之前的教育成果会大打折扣，还会失去学生的信任，严重影响以后所有的教育行为。教育者"破窗"造成的危害数倍于学生自己"破窗"的危害，因为教育者在教育活动中占据了权威的地位，是学生尊敬、信任和学习的对象，其言行造成的影响无论利弊都远非其他人可比。而且教育者本身是"守窗者"和"修窗者"，若教育者放弃自己的这项职责甚至自己"破窗"，就没有人能够预防和修补"破窗"，"破窗效应"在区队中就会如入无人之境般大肆蔓延。如果辅导员言行不端必然会给学生提供不好的榜样，尤其是在处理与学生息息相关的综合测评、奖学金评定、优秀干部选拔等问题上不以事实情况和学生需要为依据，不采取民主的方式，而是凭借个人喜好甚至与自身利益挂钩，又怎么能责怪学生不踏实学习和努力奋斗，而是投机取巧以获取利益呢？如果辅导员不能始终站在公平公正的立场上，学生就不可能公平的竞争，很可能会一方面对老师阿谀奉承以投其所好，另一方面同学之间则互相勾心斗角、捧高踩低。所以，辅导员不仅要在日常生活中时时刻刻注意自己的言行，谨言慎行，凭借自己的言行举止和高尚的人格修养对学生进行言传身教，更要在处理与学生有关的问题时做到公平、公正，有理有据，以德服人。

总之，"破窗效应"启示我们：环境对于人有强大的暗示和诱导作用，如果第一扇窗户被打破后不及时修补就会有更多的窗户被打破，产生巨大的危害。在公安院校大学生耻感教育中引入"破窗理论"，从细节出发重视小问题、小破绽，做好"窗户"的"保护者"和"修补者"，才能使耻感教育取得更好的效果，促进学生的全面发展。

三、学生评价与奖励工作中的耻感教育

学生评价与奖励工作是高校的一项重要工作。对学生的评价和奖励

恰到好处，才能促使学生积极进步，同时由于涉及学生的切身利益，这项工作是否公平公正也是很受学生关注的。在研究公安院校大学生耻感现状时就发现在学生综合测评及评奖、评优过程中存在着诚信缺失和耻感欠缺的现象，一些学生为了获得奖学金、助学金或者三好学生等荣誉采取作假、瞒报等不光彩的手段，一些学生干部利用职权编造各种名目为自己加分以在综合测评中获得优势，此外有些奖学金、助学金获得者缺乏感恩意识和勤俭意识，在获得高额奖金后，个别学生经常大张旗鼓请客吃饭，随意挥霍而不是用在更有意义的地方。更可怕的是，部分公安院校大学生对这些行为缺乏耻感，无论是获得奖金的学生还是没有获得奖金的学生，都对评选过程中存在的不道德现象持默认或无所谓的态度，严重败坏了公安院校的校园风气，不利于公安院校大学生道德素养的培养。所以，学生评价和奖励工作中的思想教育和耻感培养也是公安院校大学生耻感培养过程中不可忽视的一个环节。公安院校应该完善与综合测评及评奖评优有关的各项制度，避免出现政策漏洞；同时，应该在评定过程中加强情况调查及在评定后进行一定的跟踪调查，对不符合要求的情况应该加以制止并及时对学生进行严肃的批评和教育，必要时可以对学生所获奖金进行追回并对违纪学生加以处罚和通报批评。此外，还要注意加强思想教育工作及时对公安院校大学生进行诚信教育、感恩教育和艰苦奋斗教育，使他们认识到走捷径获得本不该属于自己的荣誉或者通过不正当手段获取奖学金并大肆花销的行为既是违反纪律的也是不道德的，严重危害了其他学生的利益，这样的人是真正令人不齿的。要使无德者的无德行为受到否定和贬斥，让有德者的有德行为得到赞誉和宣传，营造扶正祛邪、惩恶扬善的良好校园风气。

四、学生道德实践活动中的耻感教育

任何道德意识的形成和道德素质的养成都是从认知到行为的内化过程，要完成内化的过程就不能离开道德实践。耻感的养成也是如此，道德实践是耻感养成的基础，也是衡量耻感是否最终形成的根本标准。耻感形成于生活实践也体现于生活实践，因此开展耻感教育必须要重视道德实践，要积极组织公安院校大学生开展知耻、有耻的道德实践活动，坚决避免纸上谈兵、知行脱节。

首先，耻感教育要贴近公安院校大学生的日常生活。生活始终都是人德性养成的根基和摇篮，任何道德素质、道德行为最终都要落实到最基本的日常生活小事和基本行为规范的践行中去。公安院校大学生耻感培养也必须从学生最熟悉、最习惯并集中体现了基本道德原则和行为要求的日常行为规范做起，使学生在平凡却意义重大的日常行为规范的践行中体验荣耻，把耻感的客观要求内化为自觉意识和习惯行为，从尽力做好身边的每一件小事开始实现知行合一。每一个学生在校园中都应该遵守校规校纪，而且公安院校与普通院校有所不同，公安院校一般实行警务化管理，所以在规章制度方面要更加全面和严格。对于一些公安院校大学生的违规违纪行为教师应该加以重视，如及时与那些违反警务化管理制度的学生谈心谈话，掌握他们的思想动态，对他们进行思想教育，必要时还可以对他们点名批评或让他们在同学面前检讨，以此来激发他们的羞耻感，避免以后再犯。

其次，要引导公安院校大学生积极参加校内外实践活动，通过区队、学院、学生社团等各种途径创造条件和机会让公安院校大学生在丰富多彩的实践活动中加深对耻感的体验。浙江警察学院新生调查问卷的调查结果显示，关于"是否会积极参加学校的各类活动"的问题，选择"不想参加"的浙江警察学院 2017 级新生占 0.37%，选择"偶尔参加"的新生占 17.25%，选择"积极参加"的新生占 82.38%。选择"积极参加"的比例与 2016 年的 74.62% 相比，同比上升 7.76%。可见，公安院校大学生对于大学校园中丰富多彩的实践活动抱有较高的兴趣，尤其学生社团是学生自己自愿组成并开展活动的，更容易受到学生的欢迎，学生社团组织开展的实践活动是公安院校大学生耻感培养和自我教育的一个很好的途径。一些理论研究型的学生社团可以组织公安院校大学生直接对关于荣辱观的问题进行讨论，如中国古代耻感观念和现代耻感观念的联系和区别，社会主义荣辱观提出的重大意义，自己见过或者做过的可耻之事等，通过学生间的讨论和交流以及老师的指导，加强公安院校大学生对荣辱问题的重视。此外，还可以组织公安院校大学生对社会热点事件和舆论焦点进行调查和讨论，帮助公安院校大学生认识社会现象，端正荣耻观念。除了理论研究外，公安院校教师还可以指导学生社团组织开展主题征文、演讲比赛、播放教育电影等实践活动让学生参与其中，强化公安院校大学生的耻感体验。此外，公安院校大学生长期局限在校园之中，无法全面、切实地接触到现实社会，很容易把一些片面的、非主流的社会现象误以为是社会的主流和本质，因此引导公安院校大学生利用寒暑假等空闲时间走出校园投身到社会调查、生产劳动和志愿服务等社会实践中去是很有必要的，要让他们自己去了解社会现实、品味人生百态，在社会实践中体验荣耻、磨炼意志。比如说，鼓励公安院校大学生参加校内外勤工俭学，既锻炼了公安院校大学生的能力，也让公安院校大学生体会到劳动的辛苦和赚钱的不易，亲身体会艰苦奋斗精神的重要性并自觉以浪费、懒惰为耻。还可以组织公安院校大学生参与到扶贫助残、关爱留守儿童、探望孤寡老人等志愿服务活动中去，让学生认识到欺凌弱小、不孝敬老人是可耻的，进而扩展到对所有社会成员的爱心，自觉做到以冷漠和自私为耻。让公安院校大学生在具体的道德情景中，践行"勿以善小而不为，勿以恶小而为之"的道德实践，从身边的小事做起，时时刻刻注意自己的一言一行，无论在任何时候都不能做寡廉鲜耻之事，还要争取做能被社会和他人认可的道德行为，不断调整自己的行为举止以符合社会对预备警官的价值要求。总之，公安院校大学生通过参加丰富多样的社会实践活动，不仅可以在社会公共生活和人际交往的过程中体验道德情感的需求，而且能促进公安院校大学生自我道德意识的发展成熟，塑造和健全公安院校大学生的人格。

最后，耻感教育要与警务实践活动相结合。理论和实践相结合既是中国共产党一贯的优良传统和作风，也是公安教育自身的优势及特色。公安院校的警务实践涵盖基层锻炼、重大活动安保、志愿者服务等内容。警务实践有利于磨砺公安院校大学生的综合能力，有利于树立其正确的是非观、荣辱观，在公安院校耻感教育中发挥着不可替代的作用。随着我国对外交流的不断扩展，各类体育赛事、国际会议、文艺演出等重大安保活动日益增多。与此同时，公安院校大学生由于其预备警官身份的特殊性，成为重大安保活动的新生力量。比如，每年在浙江举行的杭州国际马拉松、海宁国际观潮节、乌镇世界互联网大会等重大安保活动中，都不乏浙江警察学院学生的身影。尤其在 2016 年的 G20 杭州峰会中，以浙江警察学院为代表的公安院校大学生更是成了安保的中坚力量。对于公安院校大学生而言，警务实践活动不仅是其检验警务技能的方式，同时也是其接受耻感教育的重要环节，对其世界观、人生观、价值观的形成具有重要的影响和意义。警务实践活动有利于构建公安院校大学生耻感教育的良好情境，有利于丰富耻感教育的内容和形式，是新时期公安院校进行大学生耻感教育的有效载体。警务实践活动中学生在开展执勤、巡逻、调解纠纷等工作时，不仅能将平时学到的专业技能应用到实际工作中，而且可以身临其境地感受社情、民情，在真实工作环境中体验荣耻、磨炼意志。例如，通过接警、处警等警务活动，在帮助群众解决问题的过程中，群众的批评会让公安院校大学生产生挫败感和羞耻感，反之群众的赞誉会让其产生成就感和自豪感。通过警务实践，能够让公安院校大学生坚定"荣所当荣、耻所当耻"的道德信念，促使其道德水平不断提升。此外，耻感教育还为新时期公安院校的宣传工作提供了重要抓手，除了树立正面典型进行榜样教育之外，也可以树立反面典型进行警示教育，成为一种反向的约束力量。

第三节　对学生行为自省日常化的有效指导和促进

　　道德反省能力是个体道德素质发展的基础，也是羞耻感产生的内在动力，提高道德反省能力有利于个体对社会生活中的具体道德情境进行评估，从而决定下一步的行为选择，因此使公安院校大学生具备一定的道德行为自省的习惯和能力是培养公安院校大学生耻感的一项至关重要的工作。"自省"作为一种思维能力，其形成和发展必然离不开个体反复的"自我反省"的道德实践，而宝贵的道德实践的机会则大都来自个体最熟悉的日常生活，来自个体在日常生活中见到的形形色色的人物、无数的生活情境以及产生的道德困惑和不断做出的道德选择，日常生活可以说是培养人们自省能力最好的摇篮。公安院校大学生已经基本具备了对日常生活中的自身行为进行反省和调控所需的心理条件，但在实际生活中绝大多数公安院校大学生极少进行日常行为自省，在对日常行为进行反省的时候也大多是短暂、零碎、被动、敷衍了事，频次、深度和效果都不够理想，总的来看很多公安院校大学生没有形成日常化的自我反省习惯。可见，缺乏形成日常化的行为自省机制是公安院校大学生日常道德实践中自省缺位的一个重要原因。所以，实现公安院校大学生行为自省的日常化，通过日常化的道德自省重塑公安院校大学生的道德人格，是改变公安院校大学生耻感缺失现状的重要途径。

一、加强公安院校大学生对自省的认识

自省，就是自我反省、自我审视。所谓"当局者迷，旁观者清"，自省的过程，就是从"当局者"变成"旁观者"的过程，跳出自我的局限，把自己视为一个被审视的对象，从"上帝视角"来观察和评判自己，并有所总结、弥补短处、纠正过失，从而收获裨益，轻装上阵。在如今这样快节奏的信息社会中，面对瞬息万变、纷繁复杂的现实，一个人如果不能及时察觉自己的缺点，不能用最快的速度纠正自己发展方向的偏差，必然会在学习和工作中落伍，被无情的社会发展和人才竞争所淘汰。目前有相当数量的大学生在学习、生活和人际交往中缺乏自我省察和反思，公安院校大学生也不例外，他们遭到老师的批评或者学校的惩戒时喜欢找借口、找理由而不愿意反省自身的错误，因此，让公安院校大学生明白人为什么需要自省并且愿意自省是培养他们自省习惯的前提条件。

首先，对于自省作用和价值的正确认识是采取自省行为的前提。中

国传统哲学一向强调自省的精神。孔子说："见贤思齐焉，见不贤而内自省也。"① 这句话的意思是说，看到别人的优点，就要设法使自己也具有同样的优点，看到别人的缺点，就要反思自己，看自己是否也存在类似的缺点。荀子在《劝学》中写道："君子博学而日参省乎己，则智明而行无过矣。"② 由此可见，自省所具备的警示功能很早就受到古代思想家的重视，他们认为自省是衡量人们言行举止的一把标尺，也是敦促我们前行的不竭动力。老舍在《文章下乡，文章入伍》一文中写道："自励出于自省：一个衰老的国家遇到极猛烈残暴的侵略，当然要自省，那自居为民族的天良的文艺工作者，无疑的会首先下一番自我检讨的工夫。"③ 胡适的秘书胡颂平在其代表作《胡适之先生晚年谈话录》中记载："能够自省，才能平心静气地听别人的话，了解别人的话。了解别人的话，乃是民主政治最基本的条件。"④ 所以，自省是一个带着深刻中国文化烙印的概念，中国人的自省不仅局限于个体的利益，还包含着对家庭和社会的责任。同时，从西方文化视角看，自省也是西方宗教范畴下的思想文化精神的内核之一。西方文学界曾盛行一种文体——"忏悔录"，主旨是将个人一生中的各种罪恶、过错、弱点等公之于世，进行揭露、坦白与忏悔，以这种方式自省，企求心灵的救赎。从中世纪奥古斯丁的《忏悔录》开始到 20 世纪现代主义文学的发展过程中都蕴含着这种"忏悔"的主题，而其中最有代表性的莫过于卢梭的《忏悔录》。卢梭在《忏悔录》中以沉重的心情忏悔自己在一次偷窃后把罪过转嫁到女仆玛丽永的头上造成了她的不幸，这件事让卢梭内疚终生，他在书中写道："苦恼得睡不着的时候，便看到这个可怜的姑娘前来谴责我的罪行，好像这个罪行是昨天才犯的。每当我的生活处于平静的状态时，这些回忆带给我的痛苦就比较轻微；如果在动荡多难的生活中，每逢想起这件事来，我就很难再有以无辜受害者自居的那种最甜美的慰藉。……这种沉重的负担一直压

① 杨伯峻，杨逢彬注译. 论语 [M]. 长沙：岳麓书社，2018：50.
② 荀况. 荀子 [M]. 沈阳：辽宁教育出版社，1997：1.
③ 张桂兴. 老舍文艺论集 [M]. 济南：山东大学出版社，1999：102.
④ 胡颂平. 胡适之先生晚年谈话录 [M]. 北京：新星出版社，2006：57.

在我的良心上，迄今丝毫没有减轻。我可以说，稍微摆脱这种良心上的重负的要求，大大促使我决心撰写这部忏悔录。"① 卢梭借此书通过回顾自己的一生，把自己的真实面目全部展示在世人面前，进行了严肃而真诚的自省。可见，自省具有重要的精神价值和现实意义。正确认识自省作用和价值是个体采取自省行为的前提，认为自省没有价值或者价值很低的个体，其自省的频次、阈限和持续时间肯定比认为自省很有价值的个体要低得多。公安院校教师可以通过直接宣传教育的方式让学生了解自省的含义、作用和形式，认识到自省对于个体有着提高认识、改正错误、发展能力、完善自我等众多有益作用，还可以结合名人、伟人和身边优秀学生的修养、成长实例加强学生对于自省积极意义的感受。

其次，具备敢于自省的勇气是实施自省行为的动力。自省是一次自我解剖的痛苦过程，需要巨大的勇气。认识到自己的错误并不难，难的是用一颗坦诚的心去面对它。懂得自省，是大智；敢于自省，则是大勇。古人云："君子之过也，如日月之食焉。过也，人皆见之；更也，人皆仰之。"② 这句话的意思是：君子的过错就像日蚀和月蚀，人人都看得见，但是改过之后，会得到人们更崇高的尊敬。诺贝尔文学奖得主德国作家君特·格拉斯在年近80岁的时候出版了自己的自传《剥洋葱》，首次公开承认自己在早年间曾加入过臭名昭著的纳粹党卫军，从而引发震惊世界文坛的"格拉斯党卫军事件"③。罪恶感曾让格拉斯对这一人生污点保持沉默了60余载，但是在耄耋之年他还是最终决定一层层剥开人生记忆的洋葱，向世人袒露自己这段不为人知的"过去"。"1952年的一天，诗人艾青前来拜访已是88岁高龄的齐白石，艾青还带来了一幅画，请他鉴别真伪，齐白石拿出放大镜，仔细看了看，对艾青说：'我用刚创作好的两幅画跟你换这幅，行吗？'艾青听后，赶紧收起这幅画，笑笑应道：'您就是拿20幅，我也不跟您换。'齐白石见换画无望，不禁叹了一口

---

① 卢梭. 忏悔录 [M]. 陈筱卿，译. 沈阳：春风文艺出版社，2006：113.
② 杨伯峻，杨逢彬注译. 论语 [M]. 长沙：岳麓书社，2018：242.
③ 梁庆标. 对话中的身份建构——君特·格拉斯《剥洋葱》的自传叙事 [J]. 国外文学，2011，31（1）：76.

气：'我年轻时画画多认真呀，现在退步了。'原来，艾青所带来的这幅画正是齐白石数十年前的作品。艾青走后，齐白石一直愁眉不展。一天夜里，儿子起来上厕所，发现父亲不在房间，正要四处寻找时，却发现书房里的灯是亮着的，原来父亲正坐在书桌前，一笔一画地描红。儿子不解，便问道：'您都这么大年纪了，早就盛名于世了，怎么会突然想起来要描红，而且还描这般初级的东西？'谁知齐白石却摇了摇头，不紧不慢地回答道：'现在我的声望高，很多人说我画得好，觉得我随便抹一笔都是好的，我也被这些赞誉弄得有些飘飘然了，无形之中放松了对自己的要求。直到前几天，我看见自己年轻时画的一幅画，才猛然惊醒我不能再被外界的那些不实之词蒙蔽了，所以还要重新认真练习，要自己管住自己。'此后，即便是年龄越来越大，齐白石却依然坚持每天必画画，从不敢懈怠，甚至有时为了画一幅画，往往要花上好几个月的时间。"①无论是像格拉斯一样在垂垂老矣之时直面年轻时不堪的记忆，还是像齐白石一样在功成名就之后承认自己的不足，都是非常需要勇气的。对公安院校大学生来说也是如此，他们处在人生中最重要的成长期，存在缺点和问题并不可怕，可怕的是缺乏发现缺点、面对问题的勇气，只有具备了反躬自省的勇气才能不断完善自我，实现人生目标。

最后，良好的自省心态是保障自省效果的关键。做任何一件事情，态度都很重要。公安院校大学生在自省的过程中只有保持良好的心态才能保障自省的效果，如果没有良好的心态则可能会出现事倍功半甚至徒劳无功的现象。自省并不是一味地自我批判或盲目自责，也包括自我肯定。朱熹对此的看法是："日省其身，有则改之，无则加勉。"② 有错误就改正，没有错误也可以自我勉励。良好的自省是建立在自我关怀和接纳基础上的，是用积极的心态把自己的行为向好的一面引导，而不是一味地打击或责备自己，使自己沉溺于消极的心理状态之中。同时，自省贵在坚持，要持之以恒，无论逆境还是顺境都要保持一样的心态坚持自省，

---

① 马鸣. 齐白石晚年自省［J］. 共产党员，2012（10）：58.
② 朱熹. 论语集注［M］. 济南：齐鲁书社，1992：3.

不能逆境时发愤图强，顺境时就自视甚高。很多人在身份低微处于逆境中时能够做到及时自我反省发现问题，也愿意接受别人的意见，努力朝着自己的人生目标迈进。但是，当他们功成名就处于顺境的时候，就往往会得意忘形，也不愿意再听从别人的意见，失去了自省的意愿和能力。对于公安院校大学生来说更要注意这一点，总有一天他们会走出校门成为光荣的人民警察，有一部分同学可能会在公安系统中身居高位掌握权力，而越是位高权重越是要保持头脑清醒善于自省自律，这样才能使自己远离各种各样的诱惑和危险。更重要的是，自省不能只停留在自我评价和反省的阶段，而是采取实际的行动修正自己的行为，改变不如人意的现状。小学语文课本中有一篇名为《寒号鸟》的寓言故事，讲述了一只爱美的小鸟因为自己的懒惰，冬天到来它不想着筑巢，而是每天重复地哀号着"寒风冻死我，明天就做窝"却从不付诸行动，就这样一天天得过且过，最终冻死在寒冷的冬天。寒号鸟的故事启示人们，如果缺乏行动力一味拖延，即使是认识到了自己的错误也无法改变现状。自省也是如此，一定要有积极主动的态度并付诸实际行动，如果敷衍了事、得过且过、懒惰拖延的话，就很难取得良好的效果。

二、教给公安院校大学生合适的自省方法

自省的形式有很多，古人早就提出的有"慎独""自讼""吾日三省"等，既要在没有外人监督时自觉自我审查、自我监督，对待自己的错误认真改正，还要坚持每天数次反复进行自省。此外，还有读书并对照自己的自省法、以他人为鉴的自省法、与同学合作互相监督的自省法、设定目标寻找差距的自省法等，如果公安院校大学生能够熟练掌握这些方法并在日常行为中坚持交叉运用这些方法进行自我反省，对于公安院校大学生耻感培养和道德人格的完善都大有裨益。除了让公安院校大学生了解、掌握自省的主要形式，公安院校教师还应该教给学生一些具体的自省方法，使学生的自省行为落到实处。

第一，记日记、写感想。中国无产阶级革命家恽代英认为日记是

"最良的修养方法""最良的求学方法"①，并且认为自省是"日记之益"②的首位。恽代英还提倡与同学、友人相约一起记日记甚至互相传阅，他甚至会毫不留情地责备在日记中未能做好自省的同学和友人。公安院校大学生可以通过记日记的方式把每天发生的事情和思考的问题记录下来，使自己养成回想、自查的习惯，并通过对自己日常行为和思想的分析和反思加深自己的感悟，提高认知能力。

第二，问题讨论。师生之间或同学之间可以共同就一些日常生活中的常见问题或具体困惑进行讨论，如怎么评价自己、如何与人交往、怎么处理问题、怎么纠正错误等。当局者迷，旁观者清。个人虽然有自省的意愿，但是一个人可能会出现视觉盲区很难发现那些比较隐蔽的问题，而与他人讨论从他人的视角来看问题往往更容易切中问题的要害，与越多人讨论就会获得越多的视角，越容易找到解决问题的办法，这个讨论的过程也就是思考和反省的过程。

第三，自我评价。世界上不存在完美的人，每个人都有自己的优点和缺点，自省的关键就在于能否正确认识和评价自己。自我评价就像是一面镜子，平时自己无法看清自己，只有站在镜子前面才能看清自己的面貌。自我评价不仅有重要的自我功能，对促进人的自我发展、自我完善、自我实现有着特殊的意义，也具有十分重要的社会功能，在很大程度上影响了人与人之间的相互关系。公安院校大学生应该时常对自己和自己近期做过的事情进行自我评价，还可以与他人对自己的评价相互映照比较寻找差距，并找出自我评价和他人评价存在差距的原因，在最大程度上避免个人自我评价的局限性和不完整性，这样才能相对全面、客观地评价自我并省悟自己的不足。

第四，典型案例分析。公安院校教师可以收集一些集中反映某些生活情境的道德问题的典型案例，组织学生进行学习和思考，分析其中的道德行为和不道德行为，或者组织学生扮演角色模拟道德情境，身临其

---

① 田子渝. 恽代英传记［M］. 武汉：湖北人民出版社，1994：3.
② 恽代英. 恽代英日记［M］. 北京：中共中央党校出版社，1981：438.

境地感受面对特定道德问题时人可能会有的心理和做出的行为，从中受到教育。公安院校大学生应当以社会上、校园中或者身边的反面典型案例为镜鉴、躬身自省、引以为戒，不断增强自律自省意识。

三、坚持实践训练和加强监督管理

使公安院校大学生养成反省习惯，实现日常行为自省的日常化。亚里士多德认为人的德性通过习惯养成，自然赋予我们接受德性的能力，这种能力通过习惯而完善，德性是先运用而后再获得，它因何养成也因何丧失。美德在习惯中养成，也在习惯中毁灭。那么，习惯本身又是如何形成的呢？在黑格尔看来，习惯形成于"感觉规定"的重复和练习，这种重复和练习将"感觉规定的特殊东西或者形体的东西"深深地砌入灵魂的深处。所以，反省习惯的培养不是短期内可以完成的，必须通过长期的、日常化的实践训练，才能使公安院校大学生形成良好的自省习惯。教师可以从以下几方面入手组织和管理公安院校大学生的日常行为自省训练：

第一，教师可以根据公安院校大学生的特殊需要和教育目标，统一为学生设定一些具体的反省内容如学习、内务、人际交往、道德品行、行为举止、心态等，让学生进行自省，并及时提供反馈来有效促进学生自省，同时还要让学生根据自己的个人特点和爱好进行个性化反省。古人曾子曾经说过："吾日三省吾身，为人谋而不忠乎？与朋友交而不信乎？传不习乎？"①虽然很有道理，但并非自省的标准模式，也可以说自省并没有非常标准的模式，每个人自身的情况有所不同，每天做过的事情，遇到的人都不同，自然自省的内容也会不同。公安院校大学生在进行自省时一定要结合自身的身份特点和实际情况来决定自省内容，盲目套用或者借鉴他人的自省模式或内容不一定会取得效果。

第二，除了让公安院校大学生每天对能觉察的与自身发展相关的各

---

① 杨伯峻，杨逢彬注译. 论语［M］. 长沙：岳麓书社，2018：5.

方面内容进行较为全面的自省外，还可以定期组织公安院校大学生进行专题自省，如开展"积极面对错误""保持健康心态""严格遵守纪律"等选题自省训练，有针对性地帮助学生克服缺陷，提高各方面的能力。通过全面自省和专题自省的结合，可以有效地强化公安院校大学生的自省能力，培养他们的自省习惯。

第三，要让公安院校大学生在重要事件之前、之中、之后进行深刻自省。在事件之前要回顾和吸取自己和他人以往的经验，做好事前规划，准备好预案。在事件之中要及时省察事件内容，随时调整策略。在事件之后要进行系统的回顾、反思，找到产生问题的原因，总结经验教训。重要事件对于学生有重要意义，对于重要事件的有效反省也会大大有益于公安院校大学生反省能力的培养。

第四，要科学监督和评价公安院校大学生的自省行为。日常行为自省是一项需要长期坚持的工作，不可能反省一次就一劳永逸，随着每天接触的人和事增多，新的问题也会不断增加，必须要不间断地及时进行自省。在这个过程中，公安院校大学生很容易会出现懈怠、敷衍的情况，因此公安院校要建立科学的监督和评价体系加强对学生自省行为的监督和评价。比如，设计和制作反省表格，让公安院校大学生自觉记录和互查反省情况。公安院校教师对于学生的反省意识和行为要及时进行评价，通过奖励和惩罚的不同方式从正向和负向两方面强化公安院校大学生的自省意识。

参 考 文 献

［1］阿德勒．自卑与超越［M］．李心明，译．北京：光明日报出版社，2006.

［2］艾念．武警官兵外显与内隐耻感的实证研究［D］．重庆：重庆大学，2016.

［3］柏拉图．理想国［M］．郭斌等，译．北京：商务印书馆，1997.

［4］鲍红，王天翊．加强道德教育的基础环节：知耻教育［J］．思想理论教育导刊，2013（11）.

［5］伯纳德·威廉斯．羞耻与必然性［M］．吴天岳，译．北京：北京大学出版社，2014.

［6］陈飞．论耻感文化与耻感底线伦理［J］．学术论坛，2008（4）.

［7］陈光连．荣辱思想的道德哲学基础——荀子荣辱观及其现代价值启示［J］．江淮论坛，2007（2）.

［8］陈金海．耻德诠释［M］．北京：中国方正出版社，2017.

［9］陈立川．以社会主义荣辱观培育和弘扬新时期人民警察精神［J］．四川警官高等专科学校学报，2007，19（2）.

［10］陈少明．关于羞耻的现象学分析［J］．哲学研究，2006（12）.

［11］陈晓明．道德需要、道德层次与新时期道德建设［J］．道德与文明，1997（5）.

［12］传统耻感文化与网络道德治理［J］．天津行政学院学报，2018（3）.

［13］樊浩．耻感与道德体系［J］．道德与文明，2007（2）.

［14］高德胜．羞耻教育：可为与不可为［J］．教育研究，2018（3）.

［15］高隽．羞耻情绪的调节［M］．北京：知识产权出版社，2016．

［16］高兆明，陈真等．荣辱论［M］．北京：人民出版社，2010．

［17］关媛媛，王晓广．中国传统耻感文化及其当代价值［J］．思想政治教育研究，2012（1）．

［18］何怀宏．底线伦理［M］．北京：北京大学出版社，2000．

［19］赫尔曼·施赖贝尔．羞耻心的文化史［M］．辛进，译．北京：生活·读书·新知三联书店，1988．

［20］胡凡．论中国传统耻感文化的形成［J］．学习与探索，1997（8）．

［21］黄明理．道德的层次性：辩证维度中的道德［J］．南京政治学院学报，2005（2）．

［22］江晓畅．大学生耻感教育［D］．青岛：中国海洋大学，2013．

［23］金慧．大学生耻感教育［D］．哈尔滨：东北林业大学，2011．

［24］巨慧慧．阐释羞愧现象的五种路径［J］．学术交流，2018（7）．

［25］亢丽娟．当代大学生耻感问题的伦理探祈［D］．沈阳：沈阳师范大学，2016．

［26］李国娟．传统耻感文化与当代大学生道德自觉研究——基于大学生荣辱观教育有效性的思考［J］．黑龙江高教研究，2009（3）．

［27］李海．论耻感与自律［J］．道德与文明，2008（1）．

［28］李宏斌．耻感教育：伦理价值与困境化解［J］．广西社会科学，2007（8）．

［29］李玲．当代青少年耻感培育研究［D］．兰州：兰州大学，2012．

［30］李晓薇．当代大学耻感教育途径研究［D］．沈阳：沈阳建筑大学，2015．

［31］李亦园，杨国枢．中国人的性格［M］．南京：江苏教育出版社，2006．

［32］李玉洁，任亮直．中华伦理范畴·耻［M］．北京：中国社会科学出版社，2006．

［33］廉长刚，曹雪飞．结合公安院校大学生心理特点开展思想政治教育工作［J］．辽宁经济职业技术学院学报，2006（4）．

［34］林存光. 耻［M］. 北京：红旗出版社，1999.

［35］林叶菲. 马克思社会批判理论探析［D］. 乌鲁木齐：新疆师范大学，2015.

［36］刘晶. 羞耻感教育模式研究［D］. 上海：上海师范大学，2010.

［37］刘梦溪. 论知耻［J］. 北京大学学报（哲学社会科学版），2017（11）.

［38］刘锡钧. 论"耻"［J］. 道德与文明，2001（4）.

［39］刘小枫. 舍勒选集［M］. 上海：生活·读书·新知三联书店，1999.

［40］刘珍. 中国传统荣辱观对培育人民警察荣辱观的作用［J］. 湖南科技学院学报，2009，30（11）.

［41］刘致丞. 耻的道德意蕴［M］. 上海：上海世纪出版社，2015.

［42］刘致丞. 中国传统耻感文化的德育价值新探［J］. 创新，2013（5）.

［43］露丝·本尼迪克特. 菊与刀——日本文化的类型［M］. 北京：商务印书馆，2000.

［44］罗纳德·波特－埃夫隆，帕特丽夏·波特－埃夫隆. 羞耻感［M］. 王正林，译. 北京：机械工业出版社，2018.

［45］罗诗钿. 价值论视阈中"耻感"的意蕴［J］. 南方论丛，2013（5）.

［46］罗诗钿. 中国耻感文化对社会主义荣辱观内化为信仰的启示［J］. 甘肃理论学刊，2010（1）.

［47］牛绍娜，陈延斌. 当前大学生耻观淡化的原因与治策——基于江苏、天津六所高校的实证调研［J］. 中国青年研究，2013（7）.

［48］皮亚杰. 儿童道德判断［M］. 傅统先，译. 济南：山东教育出版社，1984.

［49］覃海芳. 当代大学生耻感教育研究［D］. 桂林：广西师范大学，2018.

［50］茹世青. 论耻感［D］. 兰州：西北师范大学，2009.

［51］萨特．存在与虚无［M］．陈宣良，译．北京：三联书店，1997．

［52］森三树三郎．名与耻的文化——中国、日本、欧洲文化比较研究［J］．中国文化研究，1995（8）．

［53］森三树三郎．名与耻的文化——中国伦理思想透视［M］．乔继堂，译．兰州：甘肃人民出版社，1989．

［54］邵显侠，陈真．荣辱思想的中西哲学基础研究［M］．北京：人民出版社，2010．

［55］舍勒．论害羞与羞感［A］．//价值的颠覆［C］．北京：生活·读书·新知三联书店，1997．

［56］斯宾诺莎．伦理学［M］．贺麟，译．北京：商务印书馆，1995．

［57］苏海生．当代大学生耻感缺失现象、原因及对策分析［J］．经济研究导刊，2011（12）．

［58］孙隆基．中国文化的深层结构［M］．西安：华岳出版社，1988．

［59］台秀珍．耻感文化的内涵及大学生耻感意识的培养［J］．学校党建与思想教育，2009（9）．

［60］汤舜．大学生耻感的失落与追寻［J］．教育探索，2010（3）．

［61］唐晓燕．知耻：大学德育底线伦理探析［J］．学术论坛，2007（2）．

［62］童建军．羞耻脆弱性的德性伦理反思［J］．深圳大学学报，2016（6）．

［63］汪凤炎，郑红．荣耻心的心理学研究［M］．北京：人民出版社，2010．

［64］汪凤炎．论羞耻心的心理机制、特点与功能［J］．江西教育科研，2006（10）．

［65］汪金友．知耻才能远辱［J］．前线，2017（4）．

［66］王馥芸．中国成年人自省人格的结构与测量［D］．重庆：西南大学，2018．

［67］王辉．羞耻感的理论问题及其德育价值探讨［D］．南京：南京师范大学，2005．

[68] 王佳鹏. 羞耻、伤害与尊严——一种情感社会学的探析 [J].
道德与文明, 2017 (3).

[69] 王娟. 马克思社会批判理论及其当代价值 [D]. 西安: 西安
工业大学, 2013.

[70] 王琳琳. 当代耻感培育研究 [D]. 沈阳: 辽宁大学, 2016.

[71] 王蓉. "90后" 大学生耻感现状与耻感教育研究 [D]. 南京:
南京信息工程大学, 2014.

[72] 王婷. 马克思社会批判理论研究 [D]. 哈尔滨: 哈尔滨师范
大学, 2017.

[73] 王艳艳. 当代我国公民耻感教育研究 [D]. 南宁: 广西民族
大学, 2016.

[74] 王媛媛. 羞耻心培育 [D]. 武汉: 华中科技大学, 2006.

[75] 吴根友, 熊健. 传统社会的道德耻感论 [J]. 伦理学研究,
2017 (6).

[76] 吴潜涛, 杨峻岭. 论耻感的基本涵义、本质属性及其主要特征
[J]. 哲学研究, 2010 (8).

[77] 吴潜涛, 杨峻岭. 中国传统耻感思想及其启示 [J]. 2010 (7).

[78] 吴晓雪. 新时代大学生耻感缺失的伦理审视——以江苏高校为
例 [D]. 南京: 南京林业大学, 2018.

[79] 谢波, 钱铭怡. 中国大学生羞耻和内疚之现象学差异 [J]. 心
理学报, 2000, 32 (1).

[80] 休谟. 人性论 [M]. 关文运, 译. 北京: 商务印书馆, 1980.

[81] 亚当·斯密. 道德情操论 [M]. 韩巍, 译. 北京: 西苑出版
社, 2005: 69.

[82] 亚里士多德. 亚里士多德全集 (第八卷) [M]. 苗力田, 译.
北京: 中国人民大学出版社, 1997.

[83] 亚里士多德. 亚里士多德全集 (第九卷) [M]. 颜一, 译. 北
京: 中国人民大学出版社, 1997.

[84] 颜峰. 论耻 [D]. 长沙: 中南大学, 2012.

［85］阳红光. 培养公安民警正确的荣辱观　加强公安队伍道德建设［J］. 公安研究，2007（1）.

［86］杨国枢. 中国人的心理［M］. 南京：江苏教育出版社，2005.

［87］杨峻岭，任凤彩. 道德耻感的基本样态分析［J］. 伦理学研究，2009（5）.

［88］杨峻岭，吴潜涛. 论自由意志与道德耻感［J］. 中国人民大学学报，2013（1）.

［89］杨英. 当代青少年羞耻观的特征及成因研究——基于山东、上海、重庆的高中生调查［D］. 上海：华东师范大学，2014.

［90］余治平. 耻感教育：作为底线伦理之拯救［J］. 上海交通大学学报（哲学社会科学版），2007（3）.

［91］曾乐元. 论大学教师在荣辱观建设中的社会批评功能［J］. 前沿，2007（3）.

［92］曾钊新，李建华等. 道德心理学［M］. 长沙：中南大学出版社，2002.

［93］曾振宇，李富强. 羞耻的本质及其伦理价值［J］. 伦理学研究，2019（6）.

［94］张伏力. 论高校大学生耻感意识现状及对策［J］. 重庆科技学院学报（社会科学版），2011（5）.

［95］张鹏. 论底线道德［D］. 桂林：广西师范大学，2005.

［96］张逸云，詹世友. 荣辱观：从战功崇拜到生存论阐释——西方荣辱观的历史演进［J］. 南昌大学学报，2008（3）.

［97］张振鹏. 社会批判理论及其当代价值［D］. 石家庄：河北师范大学，2008.

［98］章越松. 社会转型下的耻感伦理研究［M］. 北京：中国社会科学出版社，2016.

［99］赵鸿忠，王建新. 文化溯源：中日耻感文化之差异论析［J］. 思想政治教育研究，2018（6）.

［100］赵平安，高猛. 耻感的向度与公民道德建构［J］. 江西社会

科学，2008（9）.

［101］赵睿夫．马克思主义社会批判理论的源流、转向与启示［J］.大连海事大学学报（社会科学版），2020（6）.

［102］中共中央马克思恩格斯列宁斯大林著作编译局．马克思恩格斯全集（第一卷）［M］．北京：人民出版社，1956.

［103］中共中央马克思恩格斯列宁斯大林著作编译局．马克思恩格斯选集（第一卷）［M］．北京：人民出版社，1995.

［104］朱宏．论公民耻感的培养［D］．大连：辽宁师范大学，2017.

［105］朱贻庭．树立荣辱观重在知耻、有耻——论羞耻感与荣辱观［J］．探索与争鸣，2006（6）.

［106］庄梅兰．论传统耻感文化与大学生公共文明观的培育［J］.河南工业大学学报（社会科学版），2016，12（3）.

［107］邹兴平．转型时期的耻感文化：蜕变与重建［J］．湖南师范大学社会科学学报，2010（2）.

［108］佐斌．中国人的脸与面子［M］．武汉：华中师范大学出版社，1997.

后　记

"历尽天华成此景，人间万事出艰辛。"在辛丑年金秋之际，终于迎来专著付梓，感慨良多。回想过往种种，一幕幕仿佛发生在昨日，虽已逝去，却并未走远，它们将永远定格在历史的某个瞬间，化为我们最鲜活的记忆。著书是一场修行，修为的不仅是学术，更是心灵。总结此间历程，从最初的困顿迷惑，到思路的逐渐开阔，经历的正是这样一种精神上的洗礼。不满足于现状，不拘泥于书本，不畏惧于权威，或许便是此中真谛。

"知耻而德立，德立则国兴。"正是基于"耻"与"德"的辩证思考，正是对于耻感教育的现状反思，才促成了这本专著的问世。在本书的写作过程中，河海大学马克思主义学院院长戴锐教授（博士生导师）、同济大学马克思主义学院陈大文教授（博士生导师）提供了专业的指导和建议，浙江警察学院武鹏、朱潇婷、吴程程、王镇波、王鑫、周胜利、毛永波等诸位老师参与了全书统筹、资料收集、文献整理、书稿校对等工作，在此致以最诚挚的谢意。

"历史川流不息，精神代代相传。"本书是在总结和吸收前人研究成果的基础上撰写而成的，在此表达最崇高的敬意。由于作者水平有限，书中不足之处在所难免，恳请广大读者批评指正。

"真心可贵，后背温暖。"最后，特别感谢我的家人，尤其是我的先生一直以来的默默支持和付出。

吴心怡

2021 年 10 月于西子湖畔